中小企業

「規模拡大」の強化書

田村忠之

Tadayuki Tamura

発行・日刊現代　発売・講談社

はじめに

国税庁が２０２４年に公表した「国税庁統計法人税表」によると、２０２２年度の赤字法人（欠損法人）は１８９万５４０２社で、普通法人の赤字法人率は64・８％でした。ここ10年のデータを見ると赤字法人は減少傾向にはあるものの、決していい数字とはいえません。

さらに中小企業ともなると、苦戦を強いられているところが多いでしょう。一説では、**中小企業に絞ると赤字法人率は7割を超えるだろう**との見解もあります。

私自身、買収という形で事業を父から継承することになった1社目の会社は、当初は赤字であるだけではなく、債務超過の状態でした。少なくとも、業者を通じて買収先を探しても、買い手はなかなか見つからなかったのではないかと思います。

しかし幸いなことに、私は逆境の時こそ燃えるタイプなのかもしれません。生来の本好きも手伝って、経営に少しでも関係すると思われることは徹底的に学び尽くし、現場で試してはＰＤＣＡを回し続け、**5年で売上11倍、利益7億円にまで転換**させることができました。もちろん以降も、安定的に黒字経営を継続しています。

詳しくは本章に譲りますが、この結果は決して小手先で成し遂げられたわけではありません。財務や採用人事についても、徹底的に学んでは細部までてこ入れをしましたし、私自身のマインドも変えました。

そして、会社をスピーディーに成長させるのに有効かつ必要不可欠であると考え、Ｍ＆Ａにも尽力しました。

本書を書くにあたって、経営におけるこれまでの私の歩みを振り返ったわけですが、今思うのは、結局のところ**企業を成長し続けるために重要な基本事項は、そう簡単に変わるものではない**ということ。

書店には、新たな経営手法を披露するような書籍がどんどん陳列されますが、拡大に向けた経営というのは、今も昔も本質的には同じだと思います。ロングセラーになっている経営本があったり、昔の書籍を繰り返し読む経営者がいたりするのも、経営の本質が変わらないことの証しではないでしょうか。

おそらく**資本主義社会が続く限り、大事なことは10年先も100年先も不変**なのです。

この本を手にとってくれた人は、おそらく中小企業の経営者が大半でしょう。中には経営が安定しないために苦しい思いをしている人、藁をもつかむ思いでページをめくった人もいるかもしれません。

そんな人にまずお伝えしたいのは、**どれだけ苦しくても打開策はある**ということです。好転させるチャンスは、誰にも必ずやってきます。その何よりの証拠が、私自身ではないでしょうか。

ただし、チャンスを認識できるか、生かせるかは別問題。そして、チャンスは行動した分だけたくさんやってくるということも真実だと思います。

「赤字・債務超過の会社の売上を、5年で11倍、利益を7億円にした」とだけ書くと、

「簡単に成し遂げたのだろう」と思うかもしれませんし、「ラッキーだっただけなのでは」と感じる人もいるかもしれません。

しかし私はここに来るまで、おそらくあなたの想像を優に超えるほどの努力をしたつもりです。よって、残念ながら「楽をして黒字転換したい」と考えている方の役に立つことはほとんど書かれていないだろうと思います。

しかし、**「確実に会社の規模を拡大したい」「努力は惜しまないので成功確率を上げたい」と考える人には有用な内容を記したつもりです。**きっと、会社の規模を拡大し、次のステージに進めるはずです。

本書が、あなたの会社が成長し続けるために必要な「強化」ポイントを見つける一助となれば幸いです。

CONTENTS 目次

第2章

攻めと守りを両立させる「財務」の知識・ノウハウ

第3章

社員を200％生かす方法

第4章

中小企業がM＆Aを成功させる極意

第1章

規模拡大に欠かせない「経営者マインド」

慎重かつ大胆な経営を

「一流といわれる経営者は？」と聞かれると、勇気ある改革を進めた人ばかりが思い浮かぶのではないでしょうか。

会社の成長速度を加速させる時、ドラスティックな決断を即座にするのは確かに大事です。しかし、大胆な経営判断は、経営の氷山の一角に過ぎません。驚くような改革は話題性があり、メディアでも注目されやすいので改革ばかりに目を向けがちですが、**水面下ではさまざまな準備や検討がなされている**のです。

経営判断は大胆に、下準備は慎重に。これは一人前の経営者として必要なことです。

大胆な経営を成功へ導くカギは「質の高い情報」

下準備における慎重さは、情報の量と質で決まります。情報は、さまざまなところからとれるだけとってください。

M&Aをする時はもちろん、新規エリアに出店する際も、成功するか否かは情報の量と質で80%決まります。M&Aなら、自分に実権が移ったらどのように経営するか、人は増やすのか、商品はてこ入れするのかなど、具体的に考えるのです。新規出店の場合は、客数や客単価、集客方法から配置する社員のポジションまで描けるようになるまで、あらゆる情報を入手してください。

目に見えるようになるまでイメージできたら、さまざまな仮説を立て、策を練るのです。仮説は、いざ動かす時の裏付けになります。限界まで仮説を洗い出しきったら、ついに決断すべき時がやってきます。ここからは大胆に、一気に進めましょう。

注意してほしいのは、**「仲がいい人からの情報に偏り過ぎない」**ということ。

大きな経営判断を下す際は誰もが勇気を要するので、賛同してくれる人、応援してくれる人を自然と頼りがち。仲がいい人からのアドバイスは共感しやすく、もっともなように聞こえがちですが、実は「そもそもの考え方が似ているだけ」ということもあります。同じ角度から物事を見ている人からの情報は、質が高いとはいえません。

むしろ、あえてマイナスの意見をとりにいくような気概をもちましょう。少なくとも、**マイナスの意見が出た時は、否定せずに全て聞くことが大切です。**自分と異なる意見は、自分のもっている情報の質を上げるチャンスなのです。

「身近な人を大切にする」のが情報の質を上げるための第一歩

「自分と異なる意見を持つ人には、どうすれば出会えるのか?」と疑問に思うかもしれませんが、案外近くにいるものです。

私自身、友人や日常的に懇意にしているお店からの紹介など、ビジネス・プライベートを問わずさまざまなシーンからのつながりをもっています。

そもそも私は、業種や業界をまたぐネットワークを、意識して作ったことはありません。経営者として駆け出しの頃は経営者の会に行ったこともありましたが、30代になってからは一度も行っていません。

そんな状態なので、自ら動かずともつながりが生まれる理由を考えたことはありませんが、周りからは「どんな人の話も聞いてあげるよね」とよく言われます。「仕事をもらいたい」「ビジネスを教えてもらいたい」「一緒に遊びたい」など、紹介の意図やきっかけはさまざまですが、相手の立場や相談内容の如何で、紹介を受けるかどうかを判断したことは一度もありません。

むしろ、**情報交換の相手を経営者に絞らない**のは、重要だと考えています。経営者同士では見出せない切り口を、異業種の人が切り開いてくれることはしょっちゅうです。

まずは、ビジネスシーンで付き合いのある人に目を向けてはどうでしょうか。銀行に仕入先、元請けや下請けと関係はさまざまですが、有益な情報をくれる人は多くいます。どんな立場の相手も、**ただの業者として見ていると最低限の情報しか得られません**。どんな業者も、ただのツールではなく人なのです。人として付き合うと、質の高い情報をくれるようになるはずです。

リバーシの角をとる

唯一無二の新業態や競合のいない画期的な商品で勝負できる——。そんなことが可能なのは、経営者の中でもごくわずかではないでしょうか。

先発の企業にとって、後発の存在は疎ましいものです。「業界全体を盛り上げるには競合が必要、どんどん増えてほしい」と考える人も一部存在しますが、大抵の場合、新参者は歓迎されません。

そのため、新事業を進める中で、**老舗企業からバカにされたり嫌がらせを受けたりといったことは多くの経営者が経験する**ものです。先発企業の圧力が強過ぎると、心が疲弊することもあると思いますが、決して諦めてはいけません。

後発で追い上げる時に意識してほしいのが、**「リバーシの角をとる」**という考え方です。

自分の色の石の数が多いほうが勝ちというルールのリバーシでは、いかに盤面の角をとるかで勝敗が決まります。

たとえ序盤で自分の色の石が少なかったとしても、角を2つとれば相手の石は一気にひっくり返り形勢逆転。一気に勝ち抜けることもあります。

そういったことが、**ビジネスの上でも起こる**のです。

本業の対となる新規事業に着手する

リバーシの角をとると先発企業を出し抜けるという体験を私が初めてしたのは、20代後半の頃。商圏は和歌山県内のみで、管工事に参入した時でした。

管工事を始めたのは、会社のポジショニングを上げるため。和歌山は老舗企業が存在するフィールドでしたが、あえて飛び込んだのです。

上の世代の経営者からは、「老舗を追い越してはいけない」と忠告を受けました。なぜなら昔からの流れがあるからです。

確かに、**老舗企業と同じ土俵で普通に戦っても、勝ち目がない**のは目に見えています。老舗を真似て同じ取引先と付き合っても、すでに老舗企業との付き合いが長いわけですから、自分たちが優遇されることはまずあり得ません。

だからこそ、私は和歌山の外へ目を向けたのです。拠点として検討したのは大阪でした。大阪と和歌山は商圏が異なるので、老舗と戦わずに実績を作れます。大阪で実績を上げれば、和歌山で老舗と戦うだけの体力がつくと考え、大阪で新しく事業を始めることを決意したのです。

結果、当時管工事業部門で、地域では上位の営業利益2億円を出しました。

大抵の企業は、付き合いの長いところを大事にしつつも、より取引量の多いところができれば優先順位を変えるものです。私の会社の力がつくと、和歌山の企業も私たちを優遇し始めました。

そのうち、私たちが元請けから引き受けた仕事を、老舗に流すようなことも発生するようになったのです。

外へ目を向け、別の柱を立てることには、リスクの分散というメリットもあります。また、大阪へ参入して気付いたのは、一事業の時よりも経営者である私の気持ちにゆとりが生まれるということ。

事業の数が増えるほど、策のバリエーションが増えるので、心が不安定になりにくいのです。

ここで**大事なのは、既存の事業も続けること**。事業は、スライドするのではなく増やすのです。

リバーシでも、角をひとつとっただけでは相手の石を大きくひっくり返せないでしょう。事業も同じなのです。

私が大阪に進出した時も、大阪の売上がいかに上がれども、薄利の和歌山も手放しませんでした。なぜなら、「いずれ資本がたまり大きく投下したら、和歌山でも勝てる」と考えたからです。老舗など大きな競合を出し抜くには、経験やスキルはもちろん大きな資本も要ります。新事業で稼いだ資本を本業に大きく投下するからこそ、会社は成長スピードを一気に加速できるのです。

これこそ、リバーシの角を2つとるからこそ為せる技。大阪のみでは、せっかく稼いでも資本を投下する先がなく、投資効率が下がっていたでしょう。

また、大阪と和歌山と2つの拠点があれば、**和歌山の販管費で大阪の仕事を受注すること**もできますし、**大阪で安く仕入れたものを和歌山で使う**こともできます。そして、大阪での事業が突然、暗転する可能性もゼロではありません。

薄利であっても本業を残すメリットは、実に大きいのです。

リバーシの角はどこにある?

そうはいっても、あなたの会社にとっての「リバーシの角」を見つけるのは容易ではないでしょう。リバーシの角は、業種はもちろんタイミングによっても変わります。

なかなか見つけられない時は、**ギャップがあるところへ仕事をとりに行くイメージ**をもってみてください。

今のエリアで負けていたとしても、勝機をつかめるエリアはあるはずです。県で見てダメなら関西、関西で見てダメなら西日本を見る。日本で勝てないなら、世界があると考えるのです。

関連業種が勝っているエリアがないかを探すのも手です。

競合の歴史がどれだけ長かろうと、勢力がいかに強かろうと、リバーシの角は必ずどこかに存在します。リバーシの角を2つ押さえれば、出し抜けるのです。

何を言われようと、どれだけバカにされようと、気負けしてはいけません。角さえとれば、なんとかなります。

事業を複数持とう

リバーシの角をとることを意識する必要がない場合であっても、事業はそもそも最低2つ以上は持つべきだと私は考えます。

あなたが今経営しているのが一事業のみなら、「事業を増やせば会社の規模を拡大できるかもしれないが、既存も新規も中途半端になったらどうするんだ」と思うかもしれません。両方の事業が傾き、共倒れになるのは何が何でも回避すべきですし、事業を増やすリスクは確かにいくつか存在します。

競争が激しい現代社会ですので、既存の事業がいつまで順調でいられるかは誰も保証できません。しかし、事業が複数あれば、**一方の事業が立ち行かなくなった時にリスクヘッジできます**。単一事業での経営は、複数事業の経営以上にリスクが大きいと思います。

また、事業に資金を投下するには、しかるべきタイミングがあるでしょう。事業を複数持っていれば、より効率のいいほうに充てられるので、余剰資金ができた時に使いやすくなります。

事業を複数持つのは、会社を成功させる上での鉄則です。社内で新しく立ち上げるのが難しいようなら、**M&Aをしてでも事業を増やすべき**です。収益が高く、ある程度仕組み化されている事業なら、購入した後は経営人材を配置するだけでいいので、専門性のある人材を集める必要がありません。

異業種を手がけるからこそのメリット

新事業を検討する際、同業や隣接事業で検討するかもしれませんが、私は異業種でもいいと思っています。確かに同業や隣接事業のほうが、ノウハウやつながりがあるため利益を出しやすいでしょう。

しかし、本業と新事業が似ていると、外部環境からの影響が同じになってしまうのです。

どちらの事業も好調な時はいいですが、一度逆風が吹くと両方ともダメージを受けて、会社は大きな損失を出してしまいます。会社を長く太く続けたいなら、大きく稼ぐ1年を作ることよりも、ある程度安定させることのほうが大事でしょう。

例えば、建設業をしていると建設業界の中でものを考えがちですが、**「建設業界が不況の時に強いのはどの業界か?」**と考えるのです。本業の弱みを補完できる業種を選ぶと、会社全体が安定します。

関係のない業種に手を出すと失敗し、本業まで下り坂に向かうと書いている本もありますが、私はその見解を懐疑的に感じています。

なぜなら、**異業種に参入して成功している人はたくさんいる**からです。異業種を手がけることを否定する本は、失敗事例ばかりを集めているのではないでしょうか。

異業種に参入した後に経営が悪化したのは、果たして本当に異業種参入が理由なのかも怪しいです。

もしかしたら、人材配置が原因だったかもしれません。Ｍ＆Ａなら売り手側が協力的でなかった可能性もありますし、そもそもＭ＆Ａは複雑で、失敗を１００％避けるための鉄則はなく、敗因はさまざま想定されるのです。「異業種は危険」とひと言でくくってしまうのは、安直ではないでしょうか。

私も建設業界から始めた事業を、メンテナンス業や福祉業に拡大してきました。異業種へ初めて参入した時は不安も少しありましたが、実際に手がけてみると杞憂だとわかりました。**経営のマインドやノウハウは、業種を問わず通用します**。少なくとも、専門的なことを現場に任せられる状態なら、経営はそこまで大変ではないはずです。

異業種にもぜひチャレンジしてみてください。

国策を読み解き、社会の流れに逆らわない

経営というのは結局のところ、泳ぎ方にはさまざまな正解があるのです。特に若いうちは失敗も苦労もたくさんするでしょうが、自分ならではの正解を手繰り寄せるためには、失敗も苦労も必要です。

本に書いてあったことを実践して失敗ということもあるでしょうし、逆に人から「やめておいたほうがいい」と言われたことにあえて手を出して成功、といったこともよくあります。どんな経営をするのが正解か間違いかに、絶対的な答えはありません。

ただ、社会の流れと逆方向に泳ぐのだけは、明らかに間違いです。社会に抗うようなことをしていては、どうあがいても決して成功にはたどり着けません。

日本社会ではさまざまな流れがありますが、中でも**特に重要視すべきなのは日本円の衰退**でしょう。労働人口の国外流出や、生産力・実質賃金の低下が起こり、国内の資本流出

に歯止めがかかりません。

この状況下では、消費者の購買意欲が減退し、住宅建設事業は逆風になります。

また、中小企業を減らす方向に国策が進んでいるのも、経営者としては看過できません。国は今、合併および買収、そして廃業を猛スピードで進めています。つまり現代日本において、**M&Aは時流に乗っている**ことになるのです。

社会の流れを読み解く際も、重要なのは情報の質

国策の背景にどのような意図があるかを推測するのは、並大抵の情報量では不可能です。学生時代のテストのように一問一答で真実を示しているものは、どこにもないからです。

経営者はさまざまなことを検討しなければならないので、十分な情報を得るには時間的な制約が課題となるでしょう。ちなみに私は、人と話している時以外はほぼ常にスマホを触り、さまざまな情報をインプットしています。国策を深く理解するには、1秒たりとも無駄にはできません。

スマホで閲覧しているのは、ニュースサイトだけではありません。XなどのSNSでも国策関連の情報を発信しているメディアや人の発言をチェックしていますし、特定のプラットフォームに限定せず幅広く見ています。

テレビもたまに見ますし、コンビニや本屋に行った際は雑誌名に関係なく気になったものを手にとります。

ちなみに私は、メモはとりません。もともと本が好きですし、20代の頃にさまざまな本を読んだため、日本の歴史や経済の流れのベースは頭の中にあるのです。そのベースとなる情報に新しい情報を重ねるようなイメージで、情報をストックしています。

大量の情報は、シャワーのように浴びるだけではいけません。頭に入れたら、**情報ごとの関係性を整理して並べ直す**のです。

例えば、防衛費も資本も為替も、それぞれに関連性や因果があります。それぞれの情報を掛け合わせ、歴史を踏まえて考察すると、日本のアメリカや欧州との関係性がありありとわかるようになるのです。

ジャンルをまたいで情報を整理すると、自分の中の情報の質が上がります。国策の本質が見えるのは、社会の流れを理解できている証しですので、今進めている事業に対する自信も高まるはずです。

アップダウンは当たり前！経営感はまるで株式相場

会社の経営状態には当然、波があります。どんな会社も多かれ少なかれ外部環境の影響を受けるので、波はあって当たり前。

どの業界であっても、あまり頑張らずとも利益を出せる時期もあれば、自社に理由がなくとも、どうしても売上が伸びない時期だってあるのです。

だからこそ重要なのは、**外部環境がいい時こそ、悪い状況に転じた際、どのように立ち回るかを想定しておく**こと。

ちなみに建設業界は、アベノミクスで需要が高まった後、コロナ禍で一度冷え込んだもののの２０２４年時点では回復し、特に関西で忙しくなりつつあります。原因は、ＩＲや万博。この特需が落ち着いた後どうなるかをイメージしなければなりません。

常に「60～70点」を出し続けられる会社を目指す

会社の真価がわかるのは、まさに外部環境が悪い時でしょう。悪い時でも利益を出せる会社が本物です。

そのためには、いい時であっても100点を目指してはいけません。どんな時でも、60～70点を出しつづけられる状態を目指すべきです。

感覚的には、長いタームで見た時に「三歩進んで二歩下がる」くらいをイメージするとちょうど良いと思います。

調子のいい時は、頭の中では3歩進む方法を描きつつ、後で必ずやってくる波がどのような影響を及ぼすかを考えるのです。

一番ダメなのは、どんどん売れていて人が足りなくなっているからと、大量採用してしまうこと。

人材を確保して一時的に急成長させたとしても、そう長くは続きません。用意した人材分の仕事がその後ずっと舞い込んでくる保証はないので、**いずれ冷え込むと人があふれ、人件費が固定費として重くのしかかります**。

もちろん、ある程度の余剰人員は必要ですが、儲かっている時は人が少し足りないくらいがちょうどいいのです。

経営者の中には、「人がいるなら、仕事をとれるだけとって来るべき」という考えの人もいるようですが、私には短絡的な考えにしか思えません。そもそも会社経営というのはギャンブルではないので、行ける時に行けというのはよくないのです。

時には、誰も予測できないような環境変化だって訪れます。むしろ**外部環境が悪くなった時を想定して、準備資金に回すような策も有効**でしょう。

好景気の時こそ慎重に、お金と人をコントロールするのです。そうすれば、会社は自然と安定します。

記憶に残るのは、規則を守った者ではなく破った者

「我々の記憶に残るのは、規則を守った者ではなく、破った者である」というのは、ダグラス・マッカーサーの言葉です。いい言葉だと思いませんか。

私も、規則を守ってきたとは言い難いタイプの人間です。

規則を破ったエピソードはそれこそさまざまありますが、最も記憶に鮮やかなのは事業の売上がぐっと伸びた時のこと。

それだけのスピードをもって拡大するのは類がなく、慣習を破っているように捉えられたのでしょう。「『昔からの流れがあるので、あまり攻め過ぎないほうがいい』と言っている人がいるよ」と言われたのです。

しかし実際は、そんなことを言っている人はいませんでした。**私に話しかけてきた人によるデマだった**のです。

自分の会社が脅かされるかもしれないという恐怖心は、想像できないわけではありませ

ん。しかし、わざわざ仲介している風を装う必要はないでしょう。「直接言われたほうがいいし、むしろ教えに来てほしい」と突っぱねてやりました。

企業買収も、「破る」ことのひとつだと思います。実際、M&Aをした企業の競合からは「また爪を伸ばした」と非難されたものです。

しかし先ほども記した通り、資本主義社会というのは現状維持の許されない場所。会社はもちろん業界だって、成長せず何も変わらずにいたら新しいものにとって代わられるのがオチです。**社会から忘れられてしまうのは、時間の問題**でしょう。

事業を始めて間もない頃は、非難やデマを真に受けて戸惑うこともあるだろうと思います。しかし、**経営者は多かれ少なかれ、みな何かしらポジショントークをしている**のです。

誠実に向き合っては、相手の思う壺。「爪は自宅で切っています」と言い返すくらいでちょうどいいのです。嫌われることもあるでしょうけれど、ただ非難するだけの人から嫌われても何も痛くはありません。

慣習を破る判断をするための度胸、そしてブラフを見抜いて言い返すだけの自信を養っておかねばなりません。記憶に残る会社経営を目指してください。

破るのは、会社の力を蓄えてから！

ただし、中にはタイミングを見計らうべき時もあるので注意が必要です。

例えば私の業界では、三次下請けが二次や一次下請けを飛び越えて受注するのはご法度とされています。

明文化されている訳ではありませんが、仲介業者を飛ばすと業界内で干されるのが通例。特に、会社が小さいうちに元請けと付き合い出すと、既存の仕事を減らされてしまうのです。

多少、干されても耐えられるだけの体力があるなら、チャレンジしても構いません。しかし**早過ぎると、会社が潰れてしまいます**。

元請けから「大丈夫だよ」と言われても、鵜呑みにしてはいけません。唆されてハメられるパターンもよくあるのです。いくら誘われても、資本力が上がるまでは甘い誘いに乗ってはいけません。

もちろん、同じ仕事をしていては成長しないので、いずれは元請けとの取引に挑戦すべき時、慣習やルールを破るべき時がやってきます。

ただし、**破ってはいけないタイミングが存在するのは事実**。タイミングを見極めるのも、経営者の腕とセンスの見せどころと心得ましょう。

勇気は一瞬、後悔は一生

経営者にはさまざまなタイプがいますが、私が見ていて**「もったいない」と感じるのは機会損失をしている人**。

経営は大きな決断を迫られるシーンの連続で、リスクを想定するとひるんでしまうこともあるかもしれませんが、勝機は一瞬なのです。勇気が出ずに間違った決断をするのは、会社としては大きなロスであり、経営者として一人前とはいえません。

かくいう私も過去を振り返ると、全ての決断が正しかったとはいいきれません。ただし、「果たしてあの決断で良かったのだろうか」と疑問が残るものには、一定のルールがあるのです。

それは、**チャレンジしなかった**時の決断です。

その最たるものが、高校3年生の時、肩の負傷を理由にして野球から逃げたことです。

私は小学生の頃から、ボールを持たせれば同年代の子どもよりもずっと速くて強いボールを投げ、周りからは「いいプロ野球選手になる」と評価されていました。

高校は、桑田真澄、清原和博、前田健太らを輩出した超名門校のPL学園に進み、野球部へ入部。しかし、PL学園野球部には、自分以上にキレのあるボールを投げる人間が驚くほどたくさんいたのです。

同じ高校1年生でも、すでに大きな差がついていることを知り、心はズタボロになりました。それでも、どうにかしてベンチ入りのポジションをとろうと練習に励み、なんとかモチベーションを保っていたのです。

そのような中、高校3年生の春に、肩を痛めてしまいました。肩をまったく動かせなくなったのです。

最後の夏に賭けて潰れるまでやるか、最後の夏は諦めて手術をするかの二択を迫られ、私は手術を選びました。

心の中は、投げたい気持ち、不完全燃焼な気持ち、手術をすれば将来野球を続けられるかもしれない期待感など、さまざまな思いが入り乱れていました。

しかし、大半を埋め尽くしていたのは「恥ずかしさ」です。肩を痛めた状態では、たとえ投げたとしても本来のパフォーマンスは出せません。そんな自分は、周りの人からどう思われるのだろうと想像すると、恐怖心でいっぱいになってしまったのです。

つまり、手術という決断は、**「周りからどう見られるか」という恐れに基づいていました。**

コーチは、「最終的に決めるのは君だけど、俺だったら最後の夏に賭ける」という言葉をかけてくれました。しかしそれでも私は、「今までのパフォーマンスを出せないのは格好悪い」と考えてしまったのです。

若かったので難しい決断だったとも思いますが、これは逃げです。

私は**「チャレンジしてダメだったほうがよかったかもしれない」と、心のどこかで後悔し続けている**のでしょう。今でも当時の夢を見ます。

決断力を常に意識する

会社の進む道を決められるのは、経営者そして社長だけです。自分できちんと決断しなければ、社員全員を止めることになります。

決断は、どんどんしたらいいのです。私は、一度決断したものを変えてもいいと考えています。会社の状況も環境も変わるので、**決断が変わるのは当然のこと**。私自身、朝令暮改もたまにします。

むしろ、「ちょっと様子を見よう」と言って後から決断した人を、私は見たことはありません。

私もこれまで大小さまざまな決断をしましたが、これまでで最も大きな決断だったと思うのは2つです。ひとつ目は、「明日から現場に出ない」と決めたこと。２つ目は、それまでとは桁違いな十数億円の融資を引っ張ったことです。

「明日から現場に出ない」と決めたのは2015年、会社が潰れそうだった頃でした。増収していたものの減益であることが発覚し、キャッシュも底をつきかけていました。その日から、経営に専念する人生が始まりました。この決断がなかったら、今の会社も今の自分も存在していません。

十数億円の融資を決めた時も、恐れがゼロだったとはいいきれません。しかし、この融資のおかげでM&Aを加速できたのです。会社を大きく成長させるために、必要な判断だったと思っています。

いい決断かどうかを見極める方法

決断の種類はさまざまで、一見、**いい決断をしたように見える時でも「逃げ」を選んでいることもある**ので要注意です。

逃げというのは、撤退だけを指すわけではありません。むしろ撤退も、否定されてでも遂行するような時は、いい決断である場合が多いだろうと思います。

逃げの決断というのは、周りの意見に左右されたり、周りにどう思われるかで決めたりしたものです。「周りにこう思われるのが嫌だ」「チャレンジして、周りにとやかく言われるのは避けたい」と思うなら、明らかに逃げの決断でしょう。

「あの人がいいと言ったから」「先輩にやめておけと言われたから」というのも、アドバイスを素直に受け入れているようですが、他者軸での判断なので逃げです。

いい決断というのは、自分の軸で決めたものを指します。

決断の中身は、人と異なってもいいのです。先ほども言った通り、決断の方向性を後々変えたとしても、自分軸で決めたのならいい決断だと思います。

もちろん、決断の際は迷うこともあるでしょう。迷うことがあるのは、私だって同じです。**もし迷ったら、10年後をイメージしてください**。その決断の先にある10年後の未来を想像すると、おのずといい決断が何なのかが見えてくるでしょう。

月間目標にこだわり過ぎてはいけない

予算の組み方も、経営者としての腕の見せどころです。

目標数字は経営状況や将来のプラン、戦略と大きく関連します。売上を立てるべき時なのか、利益にフォーカスすべき時なのか、KPIのポイントもその時々で変わるでしょう。

私の場合、複数の会社を経営していることもあり、自分で決定するのは年間の売上と利益のみです。キャッシュフローを残す、税金を抑える、利益を出すなど、その年ごとに優先事項は変わりますが、クオーターや月間の目標に落とし込むのは、各社の社長に任せています。

一方、私が注力するのは中長期の目標です。だいたい**3年後、10年後、15年後に照準を合わせて考える**ようにしています。

目標は自分向け・社内向け・社外向けの3パターン作る

年間目標を決める時は、まず自分の理想を描くのが大事です。頑張れば達成できそうなラインで、売上と利益の額を書きだしましょう。

書いたら、その**数字の妥当性を演繹《えんえき》法《ほう》で検証**します。市況はどうか、人材の育成が追いついているか、取引先との関係はどうかなど、数字に影響する要素を洗い出し、実現が可能かどうかを確認してください。

無理だと感じたら少しずつ目標値を下げ、実現可能なラインを見極めるのです。こうして作られた数字が、自分向けの目標数字です。

次に、社内向けと社外向けの数字を作ります。

社内向けは、少し頑張れば達成できそうなラインに設定するのがコツ。ある程度の努力を要しそうではあるものの、現実味のある数字だと、社員のモチベーションを高められます。また、**そこまで厳しく設定しないほうがクリアしやすく、成功体験になりやすい**ので、社員の自信を育めます。

経営者が数字を読めていることを社員に示せるのも、多少低めに設定することのメリットです。経営者は現場をわかっていないといわれがちですが、目標数字を通じて現場への理解を示せます。

社外というのは、金融機関などを指します。社外向けに設定するのは、確実に達成可能な数字です。たとえその数字が前年と同じであっても、金融機関に悪い印象を与えることはありません。

むしろ、社外から信用につながるのは、目標数字の高さよりもそれが達成されたかどうかです。高い目標を掲げ、過度にハードルを上げる必要はないでしょう。

比率的には、自分向け：社内向け：社外向けを、１００：80：60程度にすることが多いです。

目標を渡した後は、社長や社員に伴走する

半期やクオーターの方針を各社社長に任せているとはいえ、時には進捗が鈍く年間達成が難しいのではと思うような局面もあります。

そういった時にまず行うのは、**その企業の社長と話し、目線を合わせる**ことです。私も事業構造を理解した上で目標を設定しているので、私の推測と相手の考えにギャップがないかを確認します。基本的には、話していると相手に気付きが生まれ、必要な軌道修正を見出せるようになります。

時には私が教わることもあり、新たな見地から「こういったこともできるのではないか」と提案することも。しかし、私が問題を炙り出したり追求したりといったことは一切しません。

結果、これまで社内向けで提示している目標は、全社ともに毎年達成していますし、自分向けの目標を超えてくるようなこともあります。これも、各社の社長との化学反応が起きているからこそ。伴走経営のみが享受できるメリットだと考えています。

交渉ごとでは絶対に妥協しない

会社経営は、交渉ごとの連続です。すなわち、交渉力も経営力の中の大事な要素といえます。

自分が売り手の場合は、交渉は自ら持ちかけてはいけません。最初に持ちかけるのは、自らの手の内をひとつ見せるようなものだからです。

カードゲームをイメージするとわかりやすいでしょう。先攻だと、どのカードを出すかは自分の手札のみで判断しなければなりません。しかし後攻なら、相手が出したカードを踏まえて戦略を練れます。もちろん、相手のカードを踏まえて出すものを決めるほうが、圧倒的に有利。

交渉はまさに、カードゲームと同じなのです。まず相手に手札を出させること。これさえできれば、交渉は80％成功したようなものでしょう。

「買いたい」と言われる状況作りに注力する

「買い手のほうから出向いてくる状況なんて作れない」と思うかもしれませんが、やり方はいろいろとあるのです。

広告を打つのも一手ですし、口コミを広げるのもいいと思います。特定の会社を狙っているのなら、その会社と関係のある人に接触し、紹介してもらうのがおすすめです。とにかく、**物でも人でも第三者を介す**のです。

恋愛でも同じでしょう。好意のある相手とつながりのない状態で、「お付き合いしてください」と言いに行っても、勝ち目はほぼないはずです。しかし、二人の間にいる第三者を介し、自分をおすすめしてもらったり紹介してもらったりすると、好感度は上がります。

相手から声をかけられる状況さえ作れれば、相手の予算を聞けますし懐を探れます。

しかし、自分から赴くと値切りを要求されるなど、必ず不利になります。売り込みに行ってはいけません。

交渉における一方的な要求は一切断つ

買い手から話を持ちかけてくる状況を作れたとしても、必ずしもいい条件を提示されるわけではありません。時には、自社の利幅の少ないような金額を提示されることもあるでしょう。あまりに無謀な安値や条件を提示されたら、しっかり断るのが賢明です。

経営者の場合、従業員を抱えているプレッシャーから「仕事をとらないと」「稼がないと」という気持ちが先行し、「少しでも利益があるのならいいか」と考えがちですが、決して妥協してはいけません。

ギリギリの条件で引き受ければ継続発注されやすいといったこともありませんし、**守りの考えで交渉していては、ダンピング（不当廉売）に巻き込まれます。**

少し安いと感じる程度の金額を提示された時は、条件を提示すると後々付け込まれずに済みます。

例えば、建設業の工事では現場の担当者を立てるのですが、社会人1年目の社員をつかせることを条件に安く引き受けるのもありです。

そもそも、**相手だって相場をわかっている**ものです。それでも安く提示する時は、こちらの利幅が少ないことを織り込み済みのはず。

依頼相手の利益を度外視するような客には、特に強気で向かわなければなりません。時には、相手の提示金額から自社分の利益を差し引き、「残額で材料を調達できる先がいるなら紹介してください」と言ってみるのもいいでしょう。

条件内容は業界ごとに異なりますが、いつ何時でも強気で対峙しなければならないのは、どの業界にも通じる交渉時の鉄則です。

安く引き受ければ、目の前の数字を詰めますし、社員への給与に充てるお金も稼げます。しかし、一度安く引き受けたら、二度目以降に正価で受注するのは至難の業です。そして、**薄利経営は長くは続きません**。

適正な利益を確保するのは、会社の未来を作るため。目の前の利益を追いかけ過ぎると、3年後さえやってきません。

値切れなくなったら、付加価値を付ける

一方、自分が買い手となるシーンでは、もちろん安く買えるのが一番です。値切れば値切るほど、会社の利益を確保できます。

希望の額まで値切れない時は、値段の話は一旦やめて、ヒアリングに転じましょう。価格以外で、相手にとってメリットのある条件がないかを探るのです。

ロット数を増やす、単発ではなく年間契約に切り替えるなどは、交渉を優位に進めるための有効なカードとなり得ます。また、自社で必要な量以上に大きく買い、同業に回すようなことだってできるかもしれません。

対峙している交渉相手は、ほとんどの場合が営業担当でしょう。営業が見ているのは売上ですから、同業を紹介するのも有効だと思います。来年度、事業拡大が見込まれているなら、次はもっと大量に仕入れられるようになると、未来を提示するのもありです。

相手にメリットのある条件を提示しつつ、希望の額を受け入れてもらいましょう。

ただし、ギリギリまで値切るのは、工事の材料など商品を買う時のみです。**労務費は、安くし過ぎてはいけません。**

商品の場合は、材料の製造業者など、メーカーの先にさまざまな会社が存在するため、相手に調整の余地があります。しかし、人件費は人そのものです。安くし過ぎるとクオリティの低下を招きかねませんので、注意してください。

相手が自己中心的だったら、詐欺師だったらと考える

私は、人とじっくり話す機会をなるべく多く持つようにしています。話す時間は最低でも1～2時間、多い時は3時間や5時間に及ぶことも。

しかしながら、**人が話したことは1～2割しか真に受けません**。なぜなら、人は嘘をつくからです。虚栄心や羞恥心で無意識のうちに嘘をつくこともあれば、相手を騙そうと意図的に嘘をつくこともあるでしょう。

人は、長く、そして頻繁に話していると、何かしら矛盾が生じてくるものです。矛盾があったら、何が真実かをつかみやすくなります。「一貫性があるか」を常に確認しながら人の話を聞き、正しい情報を見極めるようにしてください。

嘘を見抜くには、「もし相手が自己中心的な人で、結果的に自分の利を得ることを考えていたとしたら、今の話にはどんな意図があるだろう」と考えるのがおすすめです。

あるいは、「詐欺師だとしたら、どんな裏があるだろう」と考えるのもいいでしょう。相手の手の内に気付きやすくなります。逆に、このように考えても裏があるように思えないなら、信頼して大丈夫ということです。

裏があるのは、会話の中だけではありません。例えばM&Aの資料でも、意図的によく見えるように作られていることがあるのです。決して嘘や改ざんではないものの、作り替えや見せ方の変化で、悪くてもよく見えるようになる数字マジックが存在します。

マーク・トウェインが言ったとされる「**数字は嘘をつかないが嘘つきは数字を使う**」という名言は、言い得て妙でしょう。数字というのは、それだけ強力なのです。少しでも高く売ろうと、あれこれ手を入れているものがたくさんあるので、数字を見る時は、ただ数字を分析するだけでなく、想像を膨らませなければなりません。

自分がその会社の持ち主で、高く買われたいと思ったら数字をどのような書き方にするか、相手の立場になって考えるのです。

私自身、軽率なタイプではありませんが、それでも騙しにあっています。取り込み詐欺です。

1回目と2回目は入金があったものの、3回目から音信不通になり、後になって計画倒産だったことがわかりました。調査会社を入れてチェックしていましたが、その会社は休眠と活動を繰り返していたため点数はさほど悪くなく、数字の上では普通の会社に見えてしまったのです。

怪しいと思う気持ちはゼロではありませんでしたが、当時、会社の経営が苦しかったこともあり、取引してしまったのです。

騙しを100%の確率で見抜くのは不可能ですが、少しでも怪しく感じた時に思い止まることは誰にでもできます。

特に、**過去一番の大きな金額を持ちかけられたら、危ない**かもしれません。嬉しく思ってしまいますが、相手はそこに付け込もうとしている可能性があります。大きい額で不渡りを食らうのは大きな痛手ですし、甘い話には注意してください。

自分に嘘をつかず正しく生きる

結局、他者の中から確実なものを見つけるのは不可能なのです。さまざまな角度から確認や検証を繰り返すと、騙されない可能性は上がりますが、決して１００％にはなりません。確実なのは、自分の中にあるものだけです。

だからこそ、自分の流儀には実直でなければいけません。

私の流儀は、「真面目にやっている人は報われるべき、不真面目な人は報いをうけるべき」というものです。

私は社会人になってから、真面目な人は報われず、不真面目な人が成功する状況をたくさん見てきました。適当なことをしていても生活を保障される人がいる一方、実力があっても年功序列のために社内でのし上がれず、退職していった人もいるのです。

真っ当なもの、真面目なものこそ報いを受ける場所を作りたい。この思いは、私が経営に勤しむ理由のひとつでもあります。

第 2 章

攻めと守りを両立させる「財務」の知識・ノウハウ

借金は悪じゃない

タイトルを見て驚いた読者は多いことでしょう。一般的に、借金は「怖いもの」「なるべく避けるべきもの」と認識されています。

そう思いたくなる気持ちは、私もわかります。借金をしたら金利分の利息を上乗せして返済しなければならないので、返済する金額は実際に借りた額よりも多くなるもの。また、予定どおりに返済できなければ、さまざまなペナルティが課される場合もあります。

利息分が無駄であるという観点で考えると、「借金は悪」というイメージを抱くのは致し方ないかもしれません。

しかし、借金は必ずしも悪ではありません。むしろ**経営者として大きく成功したいなら、借金は頼んででもすべき**です。

「分析やノウハウでは解決しない壁」にぶち当たる

かくいう私も、もともとは「借金は悪」だと考えていました。父の会社に戻り、経営に携わるようになってからも、しばらくの間はそう考えていたのです。

そんな私が「借金は悪ではない」という真逆の思考に転換したのは、27〜28歳の頃。**会社が債務超過で約3000万円の資本割れをしている**と判明したものの、どうにも改善策を見出せない時でした。

もちろん、財務諸表の見方などの基礎から経営者としてのテクニックまで、経営を改善するのに必要と思われることは、片っ端から勉強しました。同業態の他社の状況も四季報や決算書で徹底的に調べるなど、できることは全て試したつもりです。

それでも現状は、一向に改善しませんでした。

そんな時、「苦しみから逃れたい」と思う中で抱いたのは、「自分の視野は狭いのではないか」という疑念でした。

「根本的に解決しなければ、状況は変わらない」。そう感じたのです。

根本とはつまり、「会社とはそもそも何なのか、資本主義とはどういうものなのか」ということ。現代の日本の社会や経済の礎となるものも含め、深く学ばなければならないと思ったのです。

自社の状況をあらゆる角度から客観的に把握し、経営方針の策定や見直しに生かすのが大事であるというのは、経営のノウハウ本やネットの記事でよく見かけるフレーズです。しかし、**自社や競合、顧客を分析するだけでは、どこまでいっても主観の域を出られません**。

特に経営がうまくいっていない時は、「業界が悪い」「業種が悪い」「商品や社員に問題がある」「運が悪い」と考えがちでしょう。

これでは、視野が狭いのです。

資本主義社会では、成長し続けることが勝つための絶対条件

まずは、現代社会の経済がどういったルールで回っているかという問いを持ち、視野を広げました。

株式会社とはそもそも何なのか、資本主義はどういった歴史のもとで生まれたのか。資本主義の中で存在意義が生まれるのはどういった商品なのか、資本主義経済で淘汰されないものとはどのようなものなのか。

銀行についても調べました。銀行との付き合い方はもちろんのこと、銀行はなぜできたのか、銀行を創ったのは誰なのかまで深掘りしました。

他にも、ワクチンビジネスや医療業界の仕組み、明治維新以降の日本の歴史と世界の流れの比較など、現代の日本経済に影響していそうなテーマは全てです。戦後日本が世界情勢の中で置かれている立場を知った時、特に驚いたものです。資本と経営は分離して考えるものと知った時なども、視野を広くしたいと考えていなかったら、知る機会はなかった

かもしれません。

結果わかったのは、**最も危険なのは「現状維持」**ということ。資本主義社会は成長し続ける仕組みになっているので、現状維持の先には劣る・負ける未来しかありません。

だから、株式会社こそ投資が必要だと気付いたのです。借金をしてでも投資しなければ、この社会では勝ち続けられない、それが資本主義社会のルールなのだと知りました。

当時、無借金経営を続けることも不可能ではなかったとは思います。しかし、借金をしてでも投資し、スピーディーに成長させなければ、数年後に破綻していたでしょう。

事業↓M&A↓不動産↓金融資産の順で考える

とはいっても、全ての借金を支持するわけではありません。していい借金、してはいけない借金もあるので、注意が必要です。

起業したてであれば致し方ない時もありますが、基本的には**本業の運転資金を借金で調達するのは良くありません**。なぜなら、崩れた時のリスクが大きいため。できれば避けるのが無難です。

投資目線で見た時に、一番利回りがいいのは「事業」です。まずは本業で、新しい商品やサービスなど、有効な投下先がないかを考えましょう。

ただし、**事業の場合は攻め過ぎもいけません**。時として、人材確保が追いつかない場合があるからです。

主力事業でトップクラスになっているのなら、社員の賃金を上げたり良質な人材を競合から引っ張ったりするのに充てるのもありです。

実際に私自身も、本業を建て直す時にまず着手したのは、賃金アップと求人でした。無理やりなところもありましたが、なんとかお金をかき集めて優秀な人材を揃えたのです。

ただし、賃金アップは固定費に響きますので、リスキーな手法ではあります。**ヘッドハ**

ンティングした場合は、数年先も想定しなければなりません。お金で動いて来た人は、他で新たな金額を提示されれば、またすぐに移ってしまう可能性があります。

賃金アップに充てるのはリスクがありますが、行き詰まった状況を続けていては、会社はゆっくり潰れていくだけです。事業を継続したいのであれば、人への投資にもいずれ着手しなければならないでしょう。

状況を転換するには、新陳代謝を促すべくドラスティックに進めなければならない時もあるのです。

なお、M&Aは「人材確保を必要としない」のが大きなメリットです。

そもそもオーナー企業で成功している事業家は、ほとんどの場合、複数の事業を手がけています。しかし、事業間でシナジー効果があることは少なく、中古車販売業と福祉業など、関連がまったくない別事業をやっていることが多いです。

無関係の事業でもやろうと思ったのは、おそらく「チャンスがあったらすぐに着手する」という考えを持っているからでしょう。幸運の女神には前髪しかないことを知っていたのです。

既存の事業との相乗効果を見出せるかは、M&Aが成立し、新しい事業に着手してから考えるのでも問題はありません。

本業を軌道に乗せるのが先決

では、M&Aはいつでも誰でもしていいいか？

答えはNOです。起業したばかりで事業がひとつしかないのなら、**まずは本業で一定の成功をおさめましょう**。

ある程度まで規模が拡大し、さらに突き抜けようとすると消耗戦になっていきます。そのタイミングで、M&Aをして別事業を始めるのです。M&Aをしたら、新しい事業に注力してなるべく早く軌道に乗せ、資金を大きくします。

十分な資金が貯まったら、今度は本業へ一気に投下するのです。そうすると、会社を効率的に大きくできます。

事業の次に検討するのは不動産投資、そして最後に金融資産の順で考えましょう。

ある程度のお金は手元に置いておくべきという考えもあるようですが、私は必要以上に借りるのはおすすめしません。寝かせておくのは、現状維持に他ならないからです。多めに借りたら、投資に回すべきだと思います。

M&Aと不動産投資は、借金をしてでも積極的にやるべきです。投資して回収できるのなら、いくらでも借りてやったらいいのです。

借金をしてでも大きくしなければ、生き残れない世界

成功の定義は人それぞれなので、無借金で成功だと思うなら無借金でもいいでしょう。私の周りでも、私ほど大きく借金をしているのは、私以外には一人しかいません。ほどほどの額を借りている人がほとんどで、中には無借金経営の人もいます。

しかし、例えば次のような会社に対して、あなたはどう思いますか？

・毎年コンスタントに、５００万～１０００万円の利益を出している
・オーナーの年齢は60～70歳ほど
・社員は50代がメイン

オーナー自身は、寿命が来るまで利益を出し続けられるでしょうから、成功とみなすかもしれません。しかし、この会社は、将来を想定すると成功したといえるでしょうか。おそらく10年後、あるいは20年後には赤字に転落するはずです。

利益をコンスタントに出しているとなおのこと、借金をしようとはなかなか思えないものでしょう。しかし、**借金をしてでも、次世代を創る若者を雇用すべき**だと私は思います。

資本主義社会には、「借金をしてでも投資に回す」という考えのもと、事業を拡大し続けるプレイヤーがごまんといます。その中で、現状維持を続けていては負けてしまうのです。

会社は1年経てばゴールというものではありません。5年、10年と続けるものです。しかし、5年や10年先を予測するのは不可能でしょう。無借金で大きくし続けられるのがベストかもしれませんが、そんなことをできるのはひと握りもいません。

会社というのは、資金がショートしなければ潰れないのです。ショートしなければ、赤字でも存続できますし、借金をしてでも資金がつながれば、その間に次の策を考えられます。最終的に黒字にすれば、結果、帳尻は合うのです。

無借金経営が成り立つのは、敵がいない状況の時のみです。

奪い合いの世界では、借金は悪ではないどころか必須条件なのです。

銀行の融資担当者が協力したくなる経営者の共通点

借金をする、つまり融資を受ける時に大事なのは、何といっても銀行付き合いです。特に会社をどんどん大きくしたい時は、銀行の融資担当者との付き合い方は経営における重要なファクターとなります。

まずは、地銀から付き合いを始めることになるでしょう。最初は会社サイドからアプローチすることもありますが、時には地銀のほうから連絡が入ることもあると思います。

私も、最初は地銀でした。知人からの紹介で地銀の融資担当につないでもらったのですが、なにせ当時は会社が傾いている時代。そもそもマイナスのレッテルを貼られていたので、お世辞にも良い対応といえるものではありませんでした。

そこで、次に知り合いから紹介してもらったのが、他府県の地銀です。会社の建て直しが上手なところで、この2番目の地銀こそが会社を赤字から黒字へと転換させる大きなカギとなったのです。

しかし、会社は成長し続けるもの。成長段階に応じて、付き合う銀行が変わるのは当たり前のことです。

2番目の地銀は、会社の建て直しに優れている一方、成長をどんどん加速させることへは、残念ながら賛同的ではありませんでした。つまり、徐々に私のビジョンと地銀の間にズレが生じ始めたのです。

会社の拡大を目指す私にとって、現状維持や低リスクは真逆のもの。担当者も、会社のためを思って言ってくれたとは思います。しかし私の耳や目からは、**足を引っ張っているだけとしか捉えられないような発言や対応**が少しずつ増えていったのです。

この地銀と付き合いを始める時、もともと黒字経営の状態で相談していたら、相手の見方が変わっていたのかもしれません。

しかし、崖っぷちの経営状況になってしまった原因は、私にはありません。大赤字だった当時、私は経営に関与すらしていなかったのです。

つらい時に支えてくれた銀行との付き合いを終わらせるのは、心理的な負担もありましたが、それでも目指すべき方向を見て、前に進まねばなりません。「本当にいいのですか」「次に経営が悪化しても、後戻りはできませんよ」とも言われました。それでも私は、メインバンクから他行へ切り替えるという決断を下しました。断腸の思いでしたが、後悔はしていません。

付き合いが長い銀行も、いかに思い入れのある銀行も、自分と同じほうを向いてくれていなければ、どんなに熱心でも無意味なのです。利害が一致している銀行と付き合うことは、正しい経営判断をするための必須条件といえるでしょう。

初めての融資では「社長が財務状況を理解しているか」を見られている

初めて融資を受ける時は、多かれ少なかれ誰しも緊張するものでしょう。

どのように準備を進めればいいか戸惑うかもしれませんが、特別何か準備する必要はありません。基本的に、質問されるのは会社の決算書にまつわることですし、専門的なことまでは突っ込まれません。

会社の財務状況を把握できていれば大丈夫です。

ただし、会計周りを**税理士に一任している場合は要注意**。

税理士に任せていると安心してしまい、決算書を見はしていても、細かいところまでは把握していない人もいるでしょう。しかし、**決算書について経営者自らが語れるのは、融資交渉における基本中の基本**。自分の口で語れなければ、「財務状況を理解していない社長」というレッテルを貼られます。

決算書はつまびらかにチェックし、一つひとつの数字を把握するだけでなく、その数字が作られた理由までしっかり語れるように準備しましょう。**M&Aの融資で特に聞かれやすいのは、運転資金や設備資金周りです**。不動産投資の場合は、チェックがやや緩くなりますが、それでも基本事項は抑えておくべきでしょう。

しっかり語れていれば、年間のフリーキャッシュフロー（営業利益＋減価償却費）をもとに融資額を算出してくれます。会社が回っていれば、それなりの額を貸してくれるはずです。

特に注意してほしいのは、会社の利益が出ている時。たとえ黒字だったとしても、売掛がある・商品在庫が多いなどの理由で、キャッシュフロー的にはマイナスになっていることがあるのです。一見すると利益が出ているようでも、実質的に赤字であることは、銀行の融資担当者はしっかり見抜きます。

実質的に赤字の会社に投資しても、状況は悪化するのがオチでしょう。

最低でも、赤字から黒字に転換する策を語れなくてはいけません。融資交渉が成功するかどうかは、銀行の融資担当者に「投資しても問題なし」「投資する価値あり」と思わせることができるかどうかにかかっています。

赤字でない場合は、決算書を理解していなくても融資は出るとは思いますが、財務状況を理解しているかどうかで、融資額は大きく変わります。

肌感覚では、わかっている人に1億円出る時は、わかっていない人には5000万円ほどといったところ。つまり、**決算書を理解していない経営者への融資額は、半額になってしまう**のです。

さらに悪い時だと、不動産を担保にとられたり、経営者保証の条件が付いたりすることもあります。

2回目以降の融資では業界特性を確認せよ

融資額は、業界や業種によって差があることを知っていますか。初回の融資は会社の決算書が全てなので、業界や業種ごとに差は生じません。しかし2回目以降の融資額は、買おうとしている企業の業種によって金額が変動するのです。

ちなみに建設業界の場合、一定の金額まではスムーズに貸してくれますが、一定ラインを超えると途端に借りにくくなります。ラインの位置は会社ごとに変わりますが、他の業界や業種よりも低いのが特徴です。それなりに、自己資金が必要になると思っておくといいでしょう。逆に**大きく借りやすいのは、卸売業**です。

まだあらゆる業種での融資希望を出したわけではないので、全業界・全業種の融資額の特徴を把握しているわけではありませんが、差があるのは事実。気になる企業が出てきたら、融資の借りやすさについて担当者に探りを入れてみるのもいいでしょう。

また、2回目の融資ともなれば、決算書を語れるだけではなく、融資を受けやすい決算書になるよう、できる限りの策を打ちたくなるはずです。

そこで、銀行の融資担当者が見ているポイントについても紹介しましょう。

会社そのものの財務状況で最も重視されるのは、ズバリ資本金と利益剰余金です。

つまり、BS（貸借対照表）における右下の部分に当たります。BSでは左側に資産、右側に負債と純資産が書かれていますが、担当者は全てを等しく見ているのではなく、純資産の中の資本金と利益剰余金を重要視しているのです。

会社の状況は千差万別ですし、資本金と利益剰余金は必ずしも売上と比例して伸びるわけでもありません。改善するには、ある程度の時間がかかります。しかし、融資は会社を拡大する上でとても重要。

そもそも長く続く経営こそ理想です。10年、20年先を見ながら、コツコツ積み上げるしかありません。

また、債務償還年数、つまり「何年で返済できるか」も融資を決断する上でのポイントとなります。

具体的な年数は業種によって前後するでしょうが、一般的には**10年を超えたら追加融資は受けられない**と思ってください。仮に10億円を借りていて、年間のフリーキャッシュフローが1億円に達していない場合も、追加融資は難しいでしょう。

なお、不動産投資における債務償還年数の目安は25年です。

もちろん、銀行ごとに差はありますし、中にはもっと厳しくチェックするところもあります。

しかしどの銀行であっても、資本金と利益剰余金、そして債務償還年数を把握していたら、ある程度スムーズに交渉を進められるはずです。

銀行の担当者と心の距離を縮める

財務状況を把握したり改善したりすることは、銀行から融資を受けるための正攻法。一方、やや変化球的な作戦ではありますが、融資担当者と仲良くなるのも有効だと思っています。

もちろん融資担当者の特性は人それぞれですし、経営者のほうも、必ずしも他人と仲良くなるのが得意という場合ばかりではないでしょう。

しかし、融資担当者と仲良くなるのは、おそらくあなたが思っている以上に簡単です。

私が目指しているのは、**融資担当者とざっくばらんに何でも話せる関係を築くこと**。

会社に来てもらった時は、こちらであらかじめ弁当を用意しておいて一緒に昼食をとることもありますし、時には一緒にタバコを吸いに行くこともあります。

話の中身は、ほぼ雑談です。出身地を聞いて話を膨らませることもありますし、最近驚いたことについて話すこともあります。恋愛の話もします。

とにかくあらゆることを話題にするので、食事を兼ねていなくても、あっという間に3時間が過ぎていることもしばしばです。


もちろん、ビジネスの話もします。ただ、雑談もビジネスの話も同じような感覚でするので、人によっては内心驚いているかもしれません。

しかし、こちらが構えていては、距離は縮まらないのです。**「銀行の人は固い人が多い」と考えているようでは、なかなか仲良くなれない**でしょう。銀行の融資担当者だって人間です。偏見は捨て、一人の人間として接するのです。

実際、私の会社の担当者は何度か代わっていますが、ほとんどの人が普通にカジュアルな話もしてくれました。中には、転職相談を持ちかけてきてくれた人もいます。相談してくれるのは、心を許してくれている証し。嬉しく思って、親身に応じるべきです。

私自身、ホームパーティーを催すのが好きで、ピザパーティーや鍋パーティー、たこ焼きパーティーなどさまざま行いますが、銀行の融資担当者も喜んで来てくれます。要は、

誘うかどうか、誘える関係を築くかどうかなのです。

融資担当者にも気分や都合がある

もちろん、銀行の融資担当者は1社だけを相手にしているわけではありません。さまざまな会社の審査を同時並行で進めているので、その中で**いかに好印象を持たれるかが大事**なわけです。

まず、**足を運びたくなる会社であるのは大前提**でしょう。訪れたくなる会社であるには、フレンドリーな雰囲気は必須条件です。

融資担当者だって、一人の人間です。時には「あそこの会社は、社長が厳しいから行きたくない」と思うことだってあるでしょう。「ではその分、どこに行こうか」と考えた時、選ばれる会社、そして経営者を目指すのです。行こうと思ってもらえるのは、良好な関係を築けている証し。来訪の打診が突発的に来ると戸惑うかもしれませんが、予定を調整してでも迎え入れるべきです。

融資担当者に温かく接した分だけ、後々大きな果実となって返ってきます。

M&Aはタイミングも重要ですので、時には融資を急ぐべき時もあるでしょう。

一方、融資担当者のもとに同じタイミングで複数社から依頼があったら、融資担当者はどう動くと思いますか。**関係の良好なほうから取り組むのが普通**でしょう。

融資担当者と仲良くするメリットが直接的に感じられなかったとしても、知らぬ間に、優先順位が上がっていることは優に想像できるでしょう。どこかできっと、融資に好影響が生じているはずです。

一緒に飲んでいる時に、「飲んだ分、安くしときや〜」などと言うのは、トゲのない交渉の最たるものでしょう。

もちろん融資担当者は、その場では「いや〜」と言って苦笑するでしょうけれど、後々、どこかで何かしら優遇してくれるはずです。

たとえ担当者の年齢が自分よりも大きく下だったとしても、上下関係を感じさせるような態度をとるのはもってのほか。会話は経営者側がリードすることになるでしょうし、立場が上になりやすいですが、フラットな関係を目指すべきです。

相性のいい担当者のみと付き合う

ただし、相性の合わない担当者だけは別です。一度、対面して合わないと思ったら、距離を縮めようとするのは時間と労力を無駄にするだけでしょう。

例えば、**会社のことを事前に調べてこない担当者は、私にとっては論外です**。もちろん直接話を聞くのは大事ですが、ヒアリングせずとも得られる情報まで尋ねてくるのはあり得ないでしょう。敬意がみじんも感じられませんし、付き合い続けても手間ばかりかかりそうに感じませんか。

担当者ならまだしも、支店長の対応が雑であるのには閉口します。担当者だけはしっかりしている時は、立場が逆ではないかと感じます。しかし、支店長がダメな時は大抵、担当者を含め周りからも認められていないようです。

誠意のない人から来訪依頼を受けた時は、たとえ相手が支店長であっても断っています。

相性が合わない時は、無言で距離をとるのが一番でしょう。直接的に傷付けずに済みますし、距離を置く理由をあえて教える必要もありません。

担当者の対応があまりにひどくて不快になる時は、人を代えてもらうのもありです。支店長に依頼すれば変更してくれます。

ただ、支店長が悪い時はどうしようもありません。担当者も支店長も、基本的には2〜3年のサイクルで入れ替わるので、それを待つしかないでしょう。**支店長との相性が悪いところに追加融資を依頼するのは、得策ではありません。**

とはいっても、銀行における人的な理由で、会社の成長をストップさせるべきではありません。

万一に備えて、あらかじめ複数の銀行と関係を築いておくべきというのが結論になります。

もちろん、優先順位はあるでしょう。

最初は融通の利きやすい地銀メイン、規模が拡大したらメガバンクなど、付き合うべき銀行は会社のステージによって変わりますが、どれだけ経営を長く続けても、付き合う銀行を一行に絞るのはおすすめしません。

期待値が上がる！お金は先出しが鉄則

結果が先か、お金が先かも議論の分かれるところです。

私は、「お金を先出しすべき」と考えています。最大の理由は、お金をもらう側の立場で考えると、先出しされたほうが気分良く取り組みたくなるからです。

社員にも、期待感があるなら結果を出す前であっても少し多めに出してもいいでしょう。モチベーションが上がり、より高い成果を上げてくれるはずです。

業者も同じです。仕事を依頼される時、お金をいくらもらえるかわからない状態では不安ですから、先に対価がいくらなのかが見えているのは大前提。さらに、先に渡されていたなら、気持ちを込めて業務に向き合いたくなるはずです。

お金を先に出すほうがいいのは、経営以外にも通じる社会全体の暗黙の了解ではないでしょうか。

例えばタクシーだって同じでしょう。短距離しか利用しないと、タクシードライバーは落胆するものですが、乗ってすぐ「1メーターなので先に1000円払っておきます」と言われたら、気分が幾分和らぐはずです。

しかし、お金を先に払わなければ嫌な気持ちを抱えたまま運転することになります。たとえ降りる時に多めに払ったとしても、嫌な気分は晴れないかもしれません。

お金を先出しするのは、もらう側はもちろん、払う側にもメリットがあるのです。

信頼が築けている時、継続発注の時は例外

もちろん先出ししたからといって、相手が必ず高い成果を上げてくれるとは限りません。

そして、関係の浅い時は先出しが効きますが、関係を築けている相手にはあまり効果を発揮しないという側面もあります。

というのも、**先出しには、お金を出した後で与件や状況が変化するというリスクがある**からです。

例えばお金を先に払った後、予定よりも高くついたなら追加請求に応じるので問題ないでしょうけれど、逆に過払いとなった場合は揉めてしまいます。

しかし出来高請求であれば、業務に取り掛かっている間、原価を抑える交渉もしやすくなります。

意識的に原価を抑えてもらい出来高で請求してもらうと、最終的な金額は当初の想定の8割になったという事例も少なくありません。

要は、あえて先出しのリスクをとってまでモチベーションを上げる必要があるかどうかがポイント。すでに信頼関係が築かれているなら、むしろ後払いを選択すべきでしょう。

「生き金」or「死に金」の意識を強める

支出は全て、2種類に分かれます。「生き金」か「死に金」かです。私が考える生き金は投資、死に金は消費です。

融資を度々受けている経営者の目線になると、「融資を受けられたものは投資」と呼ぶこともできると思います。M&Aであれ不動産であれ、**お金を借りられるのは価値があるということ**です。価値があるものは、全て投資でしょう。

とはいっても、「死に金をゼロにすべき」と説くつもりはありません。ゼロにすることよりも、認識することのほうが大事だからです。

細かい話ですが、電気の付けっぱなしや備品の無駄遣い、不要な新聞などは明らかに死に金でしょう。当然、経営者一人でこれらを防ぐのは不可能ですから、まずは社員に死に金が発生していることを認識させるべきです。

社員が生んだ死に金まで、会社から出す必要はありません。**社員のボーナスから引くというのも、正当な主張でしょう。**

接待は全て消費というわけではないですが、接待をする時点で売上につながる確証を得られていることは稀です。

むしろ、確証があるのなら接待は無意味。接待は何かしらの期待感があるがゆえにするものなので、やはり結果論でしかありません。とすると、生き金とは呼べないだろうと思います。

生き金と死に金の考え方は、**社員全員に刷り込んでこそ効果を発揮する**もの。自分一人で取り組んでもたかが知れていますので、まずは幹部の啓蒙から始め、全社で共通意識を持てるようにすべきです。

社員の経費チェックは少ないぐらいがちょうどいい

社員の生き金と死に金の意識を強化するのは大事ですが、細か過ぎるのはナンセンスです。経費を項目ごとに一つずつチェックするのは、明らかにリソースの無駄でしょう。もちろん経理上の確認はしますが、厳密に細々と追及する必要はありません。

無駄遣いは私的なものなので、追及してもイタチごっこになってしまいます。無駄遣いを探す仕事、そしてごまかす時間が生まれた分、生産性は減るばかり。経費の不正利用はよくあることですし、ゼロにするのは極めて難しいのです。

会社の全体感で考えると、疑わしく感じても細かくは確認せず、たまにパッと見るくらいが程よいだろうと思います。

ただし、**見つけたら一発アウトとするべき**です。確実に尻尾をつかめたら、クビか減給。そうすると、まだ無駄遣いが見つかっていない社員も考えを改めます。

ちなみに私の会社では、経費チェックに対する姿勢を社員に周知していることもあり、今のところ一発アウトになった人間はいません。

むしろ当社の経費はかなり少ないほうだと思います。

グループ全体での接待交際費は、年間で約800万円です。つまり、月間の接待交際費は1社あたり11万円ということ。

個人的にはもっと使ってくれても構わないと思っていますが、接待をせずとも良好な関係を保てているのは何よりです。

そもそも接待が少ない業界なのかもしれませんが、親の代ではたった1社で年間1500万円を超えていたこともありました。

私が経営に携わりだした時は親を反面教師として捉えていたため、「接待交際費を意地でもゼロにする」と啖呵を切ったものです。

直後から接待を控え、どうしても必要な時も領収書は切らず、1年間、接待交際費の経費がゼロのまま乗り切りました。

しかし、その経験で悟ったのです。**接待に重きを置かなくても経営が成り立つ**ということとを。

なくても成立するものに充てているお金は、全て死に金です。できればカットすべき、少なくとも死に金であることをしっかり認識すべきでしょう。

死に金は、意外と身近なところにあるものです。改めて見つめ直すと、会社の利益が上がるかもしれません。

第3章

社員を200%生かす方法

人材は360度で見る

正面から見た時に、丸く見える物体があったとします。一見、丸いから球体かなと思いがちですが、必ずしも球体であるとは限りません。

横から見たら四角や三角に見えるかもしれないですね。それなら円柱や円錐かといえば、必ずしもそうとはいいきれません。実は裏側から見たら少し凹んでいるかもしれませんし、よく見たらわずかに傾斜がかかっていて、円錐台ということもあるでしょう。

一方向から眺めて判断するのは、あまりに早計。意外と同じようなことをしがちなのが、人材を判断する時です。

ある人材がA社でダメだったとしても、B社では必要ということもあります。実績がなかなか出ない人がいると、「パフォーマンスを出せない人なのかもしれない」と思いがちですが、**本人ではなく、会社や業務内容とのミスマッチが理由かもしれない**のです。

実際、私のところでは、会社をまたぐ異動も積極的にしています。今、社長を任せている人間の中にも、事業部の係長を務めていた頃はなかなかパフォーマンスを出せず、上司からの評価が低かった者もいますが、社長業は立派にこなしているのです。

求められるものは、業務、そしてポジションごとに異なりますので、もし、うまくパフォーマンスを出せていない人がいたら、まずはミスマッチがないかを確認してください。人のことばかりは、マニュアルでは管理できませんので、社員数が多く全社員を把握しきれない時は、責任者にも同じ考えを教え込むのも大切です。

全責任者が集まる場で人材の情報交換をするのを習慣づけると、会社やグループ全体で人材の適切な配置がどんどん進んでいきます。

人材の判断ミスは、会社にとっては大きなロスです。経営が一体となり、一人ひとりを全方位から見つめるようにしましょう。

ただし、モチベーションが低い人だけはダメです。異動してもパフォーマンスが上がる見込みは極めて低いので、ミスマッチが原因なのかモチベーションの低さに起因しているのかはしっかり見極めてください。

いい人材の鉄則は「自責である」「器が大きい」「謙虚である」

実務担当は、技術や経験などで即戦力となるかを判断できます。しかし、マネジメント職を任せる人材の選び方では、意外と多くの経営者が悩むようです。

マネジメント職の人材を探している時、**私が見ているのは人間力です。**

具体的には、次の3つの観点で人材を見極めます。

①他責でないこと
②器が大きいこと
③謙虚であること

他責思考の人は、まずマネジメント職には向いていません。器が大きいかどうかは、利他精神があるかで推し量ります。「これだけ売り上げたらこれだけくれ」と言うのは、器が小さい証拠。プレイヤーに留めておくのが無難でしょう。

マネージャー職は下を育てるのも仕事のうちなので、謙虚さも必要になります。「この現場を成功させたのは自分である」「私が会社を支えている」と自負する人は、謙虚とはいえません。

マネージャー職に向いているかどうかを人間力で判断すると、経理やプレイヤーなどマネジメントとは無関係のポジションから、経営陣やマネジメント職に昇格させることが増えると思います。実際、私の会社で社長を任せているのも、現場上がりの人間ばかり。それでもしっかり活躍しています。

任せる金額も、人間力を基準に考えます。当人がイメージしているのが年間1億円であっても、話していくうちに「年間10億円は任せられそうだ」と思うこともあるでしょう。発言をそのまま鵜呑みにせず、人間力をしっかり見極めてください。

マネジメントでは知識や経験も重要ですが、何より大切なのは人との接し方です。①〜

③のポイントを押さえていたら、それなりに責任を持って会社を管理してくれるはずと、期待して大丈夫でしょう。

マネージャー職のヘッドハンティングは極力避ける

会社をガラリと変えたい時など、マネージャー職のヘッドハンティングを検討することもあるだろうと思います。しかし私は、マネージャー職のヘッドハンティングはおすすめしません。

実際に私の会社も、採用したての人間をマネージャー職に置くことはほぼゼロです。そもそも、会社と人材が同じスピードで成長していくのが理想的ですので、内部昇格が自然でしょう。また、内部昇格だと社員のモチベーションが上がるのです。

マネジメント職の人材を外部から引っ張ってくるなら、**何かを得て何かを失う覚悟が必要**です。

会社の士気が下がるかもしれない、重要なポジションにいる別の人材が辞めてしまうかもしれないなど、想定外の事態を招くリスクを引き受けなければなりません。

リスクを最小限に抑えるべく、**細やかな配慮をもって組織作りを進める努力**も、もちろん必要です。

例えば、新しく来た人材のための部署を新設するような方法もあるでしょう。一定の実績を上げ、社内でそれなりに評価されだしたら、本来置きたかった部署にスライドさせてポジションを上げるのです。そうすると、内部のハレーションは少ないだろうとは思いますが、ステップが増える分、時間がかかるのが難点。

スピード感を考えるとあまりいいやり方とはいえないので、何かしら失う覚悟はやはり必要だと思います。

社員が喜ぶのは「福利厚生」よりも「昇給・昇格」

社員を手厚く扱おうと思っても、ではまずどんなことから着手すべきか、お金はどのように使うのが適切か、迷う経営者もいるでしょう。

結論、社員のモチベーションを上げたいのなら、最も効果的なのは昇給と昇格です。**期待している社員のポジションを上げるのは特に有効**でしょう。昇格した後、社内に辞令を貼り出すと、本人はもちろん会社全体の士気が上がります。

ボーナスも、どれだけ払ってもいいと考えています。額に見合った成果を出せそうな社員には、いくら出しても構わないでしょう。なぜなら、気持ちよく働いてもらい、気持ちよく成果を出してもらうと、経営者を含めみなが幸せになるからです。

経営者は、期待して見守るくらいがちょうどいいと思います。

逆に、経営者サイドは適正だと思っているのに、社員サイドが適正でない、つまり給与が少ないと考えている状況では、お互い不幸になるばかり。会社として目指しているのも、従業員を安く雇用することではなく成果を上げることでしょう。

よって、多くの人を安い給料で雇うことはおすすめしません。それよりも、人数は減ったとしても高い給料で雇うべきです。お互いに気分がいいですし、パフォーマンスが上がりやすくなります。

もしもあなたが今、**全体の給与を1割程度少なめにして人を多く雇うような手法をとっているのなら、一刻も早くやめてください。**従業員のためにも会社のためにもなりません。

給与を決める際は、業界平均ももちろん意識はします。ただ、決して基準にはしません。なぜなら、業界の給与基準に沿うことよりも、会社の利益を出し続けることのほうがよっぽど大事だからです。そもそも会社が立ち行かなくなったら、社員を路頭に迷わせる可能性だってあります。

利益を出せる体制を保持するのは大前提。その上で、エリア内、業界内の平均よりも上回る給与水準にできるのが理想です。

よって当社では、給与やボーナスは利益ベースで決める方針を徹底しています。社員に給与関連の話をする時も、ベースにあるのはいつも会社の利益です。

特にボーナスには、会社の利益を即座に反映させます。利益が伸びた時は、ボーナスの額を全社的にアップさせるのに加えて、**次の順でランク付けを行い、差をつける**のが私の会社流。

①部署ごと
②課ごと
③個人単位

利益が出た理由が属人的であろうと、チームワークゆえであろうと、考え方は同じです。**差がついていることで成果を認められている実感がある**のか、社員のモチベーションアップに寄与しているように感じています。

この手法の場合、成果を出せていない社員が下がることがある点はあらかじめ知っておいてください。

つまり、下がった社員は離職するかもしれないのです。ただし、**ある程度であれば新陳代謝はむしろ歓迎すべき**でしょう。新しい人材を採用する手間は発生しますが、新陳代謝を繰り返すうちにモチベーションの高い社員ばかりになっていくので、受け入れるべき痛みだと思います。

評価方法の最適解は?

昇給・昇格させるかどうかは、各責任者から上がってきた評価をベースに最終的には経営者が判断するようにしています。

正当に評価するのは難しいもの。しかし、多面性を重視した評価や凝った評価スタイルを取り入れたために、社員の労働時間が大きく削がれるのはもってのほかです。

私も、上司・部下・同僚などさまざまな視点から評価する360度評価を始め、さまざまな評価スタイルを試しましたが、現時点でのベストな評価スタイルは二者評価です。直属の上司と別のチームの上司、2名からの評価で最終結論を出すのが二者評価。その評価の結果は社長が確認し、昇格・昇給そしてボーナスの額を最終決断しています。

ただし、社員数がまだそこまで多くないのなら、上司1名による一者評価となるでしょう。**最適な評価スタイルは会社によって変わる**でしょう。

そもそも会社の規模や状況は変化するものなので、どこまでいっても最終的な正解は見つからないのではないかと思います。

では、幹部の給与はどうするかというと、経営者自身のさじ加減で決めるしかありません。考えのベースは、利益額。一般社員よりも利益を重視するため、幹部の給与はかなり波があります。

年功序列制度は取り入れていません。30代で社長に就いている人や、若くて高給の人もいますし、部下のほうが年上であることもザラ。

「不和が生まれるのでは」と思うかもしれませんが、**年功序列制は社員のモチベーションアップにつながらないので無意味**です。

いずれにせよ、評価やポジションの決め方は正解が一つではないので、独自のルールを作るしかありません。

実績と給与のギャップがなければ社員から給与交渉はされない

「従業員からの給与交渉にどう応じるか」というのも、後輩経営者からよく受ける質問です。これに対する私の回答は、「**そもそも給与交渉されるような状況であることが問題**。給与と成果が見合っているか、客観的に確認すべき」です。

私の場合、これまでの経営歴をひと通り振り返っても、社員から「これだけ成果を出したから給与を上げてほしい」と言われたことは一度もありません。

給与が成果と見合っているかは十分に配慮しているので、実績との乖離が少ないのでしょう。むしろ、各社員に対して正当な評価を出しているつもりですし、評価を踏まえた金額を渡しているので、給与アップを打診されたら転職をすすめるのではないかと思います。

ちなみに、「他の会社であればもっともらえるはず」という言い方をされたことがありました。その社員に対しても正当な額を支払っている自負があったので、「その会社に行ったらいいだろう。いい会社があってよかったね」と返しただけ。

結局、転職しなかったのですが、他社を用いて交渉するのは印象が良くないですね。社員から正当とは思えない交渉をされたら、**自分の要求が通らなかった時のリスクを把握しているか、覚悟があるか**と尋ねるのもいいでしょう。

特別賞与や福利厚生の温度感は都会と地方でギャップあり

私の会社では、ゆくゆくは、社長賞のような特別な賞与も設けたいと考えています。しかし、導入時期は会社ごとに見極める必要があります。

特別な賞与が効果的かどうかは会社の文化や雰囲気によって異なりますし、エリアによっても変わります。東京では当たり前かもしれませんが、地方ではなじみがないことが多く、社長だけが突っ走っているといわんばかりに斜めから見てくる人もいるのです。

実際、近隣エリアの社長からも、社長賞のようなものを実施しているという話は聞いたことがありません。状況をうかがいながら、導入タイミングを見極めようと思います。

特別賞与と同様に、福利厚生もあってもいいとは思います。

しかし、成果にダイレクトにヒットするのは給与や昇給。地方の場合は特に、福利厚生は二の次、三の次と考えて問題ありません。

会社が拡大している時こそ、社員との距離感に気を付ける

そもそも会社内のポジションは、業務を全うするために設けられています。それぞれの業務をスムーズにこなすためにも、見せ方はポジションごとに変えるべきです。

経営者自らが現場のマネジメントをしている時と、部長職や課長職のあるような中規模以上に拡大した時では、社長の見え方だって変えなければなりません。

見え方をコントロールするのに最も有効なのが、社員との距離感を変えるという方法です。つまり、会社が大きくなるほど、社長は一般社員と距離をとるべきなのです。とはいっても、決して上下関係を築けという意味ではありません。ポジションごとの役割を明確化すべきという意味です。

会社の状態によって見せ方や距離感を変えないと、ポジションが曖昧になって統制を取りにくくなります。

会社の規模や役割によって、距離感を変えるべきであることに私が気付いたのは、5社体制、140人ほどになった頃でした。

それまでは、社員には「24時間いつでも電話してきていい」と言っていた私。社長室にいると、一般社員がいつでも気軽にやって来て「今、少しいいですか?」と言うこともしばしばでした。

当時は、それがちょうどいい距離感だったのです。**会社が少人数であるうちは、私の予定など関係なくフランクにやりとりできるほうが、会社が一丸となって成長できます。**

しかし、部長職、課長職とさまざまなポジションが増える中、私のところに突然ふらっと一般社員が来た時に、違和感を抱いたのです。今の私が果たすべき役割は、社員と距離感ゼロで接することではなく、もっと別のことであると悟りました。

そこから、適切な距離感を意識するようになりました。突然距離が生まれると社員も驚くでしょうから、上下関係を作りたいのではなく役割を明確にしたいことが理由であることを、事前に社員へ説明して理解してもらった上で。

社員には、こうも伝えました。「たまたま私が、社長役をしているだけ」「もっと社長に向いている人がいたら、代わっていいという覚悟で臨んでいる」と。

この考えは現在も変わっていませんし、今でも社員に時折、同じ話をしています。

一般社員との距離感が程よくなってきたと感じたのは、社員から**「何時であれば、時間をとれますか」**とあらかじめ尋ねられるようになった時。距離がありつつ決して離れ過ぎてもいない、いい距離感だと感じました。

決して、冷たいわけではありません。会社が大きくなるにつれて、役割ごとに距離感を変えるべきであることは、幹部たちにも説いています。

ポジションごとに距離感を変えずして、会社をきちんと統率するのは難しいもの。**まずは、自分がどのような立ち位置にいるかを改めて見直してください**。その後で、適切な距離感がどのくらいかを推測すると、経営もよりスムーズにいくようになるはずです。

近過ぎはもちろん、遠過ぎるのもよくない

どのくらいの距離感が適切かは会社の規模や状況によって変わるので、いい塩梅を保つのは容易ではありません。

もちろん経営者は威厳も大事ですので、一般社員との距離が必要以上に開いてしまっている場合もあるでしょう。

もし遠過ぎるかもしれないと感じるなら、社外で社員と偶然出くわした時の相手の反応を思い出してみてください。**相手が寄ってくるのなら、適切な距離を保てています。**決して遠過ぎることはありません。

しかし、**目があっても避けられる、気付かないふりをされているように感じる**のなら、残念ながらいい距離感とはいえません。明らかに遠過ぎます。

特に会社の規模が小さい時は、一般社員との距離が離れ過ぎてはいけません。「社長は経営に徹するもの」との思念から現場に出ていないのかもしれませんが、マネジメント機

能がうまく働いていないうちは、社長自ら現場に出るべきです。役割を追求するよりも、全社が一丸となって仕事に取り組むことのほうが大事な時期だと思います。

「後々、会社の規模が大きくなった時に突然距離をとると驚かれるのでは」と思うかもしれませんが、事前に語っておけば何ら問題はないでしょう。

社員と食事をしたり飲みに行ったりした時に将来のビジョンを語り、「20人、30人の規模にしたい。その時はリーダーも新たに生まれ、私との距離は少し遠くなっているかもしれない」と話すのです。

距離感が、上下関係を築くためではなく、会社を統率するために必要なものであることを説けば、社員はきっと納得するでしょう。

幹部との距離感は友達レベルがちょうどいい

1社のみであれば、幹部とは毎日顔を合わせているでしょうし、そこまで意識せずともスムーズなコミュニケーションを図りやすいでしょう。

しかし、2社、3社と増え出して拠点が複数にまたがったら、幹部との距離は意識して縮めるべきだと思います。**幹部みんなを招集する定例会だけでは不十分**。幹部とは、1on1を積極的に実施し、距離を縮めるべきです。

私が今、1on1をしているのは全部で7名。同一あるいは隣接県にいる社長とは**週1回、マンツーマンで食事をしています**。

それより遠方の幹部との食事は月1回ほど。しかし、オンラインMTGや電話は週1～2回行っています。

1on1の頻度は人によって多少異なって構いませんが、幹部がなんでもざっくばらんに話してくれる状況でないのなら、もっと頻繁にコミュニケーションをとるなどして距離を詰めてください。

しっかり寄り添えていると、おのずと「そろそろ話しておいたほうがよさそうだ」という感覚になり、意識せずとも頻繁に連絡を取り合うようになります。

おそらく幹部も同じ感覚でいてくれているのでしょう。不定期ではありつつも、どの幹部からも連絡が来て、自然と１ｏｎ１が実施されています。

幹部との距離がどんどん近づくにつれて、友達感覚になってしまうこともあるでしょう。しかし、**幹部を最も深く理解するのは経営者の務め**。幹部に限っては、距離感がいくら近くなっても、近づき過ぎることはないと思います。

幹部も経営者と同様、孤独を感じることが多いもの。その気持ちに寄り添えるのは、経営者以外にいません。

ポジティブな話題は、時間をかけてしっかり深掘る

幹部とは、受注した話はもちろん取引先について、社内についてと、とかく話題に困ることはありません。特に食事をする際は、お互いにインパクトのある話を持っていることが多く、それぞれ持ち寄った話をお酒のアテにするような感覚で会話を進めます。

話題の大半が、ポジティブな話です。ポジティブなことは話していて気持ちがいいですしモチベーションアップにつながるので、時間をかけてたっぷり話し込みます。

一方、ネガティブな話題、つまり**会社の損失につながる話題は、引きずらないのがコツ**。損切りをするような気持ちで、割り切るのも大事です。

優秀な営業パーソンの辞職の報告を受けても、「仕方ないね」と返す程度に留めましょう。もちろん原因は把握しておくべきですし、対処可能なことが原因であれば解消するための策について前向きに話し合うべきです。

しかし、対処法がないのであれば、ずるずる引きずっても意味がありません。それより**次どうするか、取引先への対応の仕方や人事について会話するほうが会社のためになる**の

です。

ネガティブな話題が出たら、その後ポジティブな話をたっぷりするのも大事なポイント。ネガティブな話に1時間割いたら、ポジティブな話を2時間するような感覚で、前向きな雰囲気作りを意識してください。

また、ネガティブな話を、ネガティブなものと捉えないのも大事。肩こりも痛みにフォーカスしたら厄介者でしかありませんが、解消された後のスッキリとした感覚にフォーカスしたら、ポジティブな気持ちで向き合えるでしょう。

少し問題があるくらいが刺激になってちょうどいい、そのくらいでドンと構えていると、幹部ものびのび働けるはずです。

中途採用における私の流儀

会社を拡大するフェーズで、最も重要になるのは人材です。

事業が単体の時は、経営者自身がマネジメントをしつつプレイヤーを増やすのが得策なので、重視すべきはプレイヤーです。

しかし、2~3事業へと手を広げる時は管理職の配置が要。さまざまな観点で検討し、いい人選をできるよう心がけなければなりません。

つまり、**人材配置の優先順位は、会社の成長段階によって異なる**のです。

前章で記した通り、人材を必要以上に抱えるのは会社にとってリスクでしかありません。人材配置を検討する際は、まずは社内人材の配置換えで対処できないかを模索します。社内の人員だけで不十分な時、初めて新規雇用を考えます。

ちなみに私の会社のメインは、新卒採用ではなく中途採用。単純に、当社の場合は新卒採用だと定着率が低いからです。

中には「採用に力を入れているのに、従業員がいつも足りない」という悩みを抱えている方もいるでしょう。時には会社の拡大スピードがあまりに早過ぎることが原因である場合もありますが、大抵の場合、理由は会社の中にあります。

教育が悪い、採用基準が甘いなど、さまざまな理由が考えられますが、**給与設定に問題がある場合がほとんどです**。

つまり、給与が安いため、人が流出してしまうのです。

しかし、人が外へ流れないために、ただ給与を上げるのはナンセンス。なぜなら、給与を上げると利益が下がってしまうからです。そもそも低水準の給与設定になっているのは、おそらく会社の利益が低いのが原因でしょう。とすると、**受注単価から間違っている**のだろうと思います。

事業の根幹から見直すべきタイミングだと、認識してください。

真面目で素直。人間力のある人のみを採用せよ

では、中途採用における私のポリシーを紹介しましょう。

一般的な企業では、中途採用は即戦力で選ぶのが通例でしょう。しかし私の会社では、即戦力は重視しません。即戦力となる人材のほうが、成果が出はじめるのは確かに早いかもしれませんが、**長期的に高い成果を上げるのは、即戦力となる人材ではなく人間力のある人**だからです。

私が考える人間力。それは、真面目で実直であり、素直なことです。

これまで数えきれないほど面接をしてきましたが、最もいい人材だと私が感じるのは**「真面目過ぎるがゆえに、損をしている人」**。

真面目な人が、お世辞にも良いとはいえない経営者の下で働いているパターンがごく稀にあるのです。

そういう人は、いいように搾取される状況があたり前になっているので、転職してくると感謝してくれますし、満足度高く業務に勤しんでくれます。

実力があるのに、年収が伴っていない人もいることでしょう。

私の会社では、採用の際に前職の給与額を聞きはするものの、基本的には当社の給与水準に合わせて入社してもらいます。すなわち、転職の結果、給与が上がる人もいれば下がる人もいるわけですが、もちろん上がるほうが気分はいいでしょう。

拡大途上にあり、猫の手も借りたいような状況の時は、給与を少し多めに提示しても手に入れたい人材に出会うこともあるでしょう。しかし、自社の給与水準から外れた額を提示するのはおすすめしません。

ほしい人材ほど逃したくない気持ちはわかりますが、例えば100万円高い水準を提示して入社してもらったら、**その後もずっと+100万円がベースになってしまいます**。

給与交渉のイニシアチブは、会社サイドが持つべき。どうしてもほしいのなら、入社時点で高く提示するのではなく、入社後、どのように会社を成長させたら給与を上げられるかを具体的に話し合い、**未来のビジョンへの目線合わせ**をするのです。

たとえ給与が下がるとしても、会社の将来性に期待感を持ててカルチャーが合うと感じ、未来を描けたなら、きっと入社してくれるはずです。

真面目で実直、そして給与が実力に見合ってないような人が入ると、一番伸びます。愛社精神が強いですし、長く頑張ってくれるでしょう。

即戦力ゼロでも問題なし！　異業種からの転職は歓迎すべき

私の会社には、異業種出身の人もたくさんいます。公共交通機関にメーカー、金融関連から転職してきた人など、実にバリエーション豊かです。

「業界のことを知らない人を採用しては、新卒採用と一緒だろう」と思うかもしれませんが、社会人経験はゼロではありません。

むしろ異業種で下積みを済ませているからこそ、**入社すると良い化学反応が起きること**

があるのです。

例えば取引先サイドの業種にいた人なら、取引先目線の見解をもたらしてくれます。**仕入れ先のコストの内実や、見積もりの考え方**などは、どれだけ仲良くなっても取引先から聞き出せるものではありません。そういった有用な情報を、たくさん持っているのは貴重です。

まったく関係のない業種にいた人も、実は盲点になっていたウィークポイントを、カスタマー目線から指摘してくれるかもしれません。まったくの異業種出身の人こそ、着眼点が異なるため、会社に新たな武器をもたらしてくれることは少なくないのです。

異業種から来る人は、技術力こそ低いですが、情報力の面で期待できます。情報力が高いほど、効率が上がりますし可能性が広がります。**会社を大きく伸ばしてくれるのは、技術力よりも情報力**なのです。

社内に情報という名の新たな風を吹かせるためにも、異業種採用を積極的に進めてください。

異業種からの転職の場合、別途研修を設けるなど特別なことをしなければならないのではと思うかもしれませんが、むしろ特別扱いしてはいけません。

なぜなら、まずは会社になじんでもらうことを優先すべきだからです。

会社になじんだら、のびのび働き大きな成果を上げやすくなります。知識やノウハウは、会社が教えなくても同僚とのコミュニケーションや現場経験を重ねるうちに、自然と養われますので心配いりません。

面接は相手の人柄を引き出せるかどうかにかかっている

そもそも人というのは、他人に良く思われたいと思うのが普通。面接のような場では、なおさら良く見せたく思うものでしょう。

すなわち、普通に面接をしたのでは、相手は自分の良いところしか話しません。しかし面接では、相手の良いところはもちろん悪いところや不得意分野も把握したいですよね。良い悪いを含めて、本人が自分自身を客観視できているかもチェックしたいはずです。

私が相手のガードを外すためによく使うのは、**始めに「面接は点数制ではない」と説く手法**。

「会社に合っているかどうかを知りたいだけなので、話をする中で60点や70点と決めるようなことはしない」とも伝えます。そうすると、大抵の人は自己開示しやすくなり、人柄が分かるようになります。

転職理由で「会社が……」と語るのは黄色信号

面接では、相手がネガティブな話をするのは多少であればそこまで気にしません。しかし、**会社の評価に対するネガティブトークだけは要注意**。

例えば転職の動機に関する質問に対して、「前の会社が正当な評価をしてくれなかったから」と答えるような時です。単純に、「正当」という言葉の意味するところも不明確ですし、これだけでは短絡的な感じを受けます。

人間関係で何か問題を起こしそうな感じもありますし、現場でミスをしたら「会社が教えないから」などと言い出しそうな気配すらあるでしょう。

とはいっても、危険信号が灯ったとしても、そのまま不合格とするのは安直です。違和感を覚えたら、しっかり掘り下げてください。「正当というのは、どういう意味ですか」などと質問し、本心を推し量るのです。

「会社に評価されないと嘆く人は、採用すべきではない」と考える経営者もいるようですが、掘り下げた結果、違和感が解消されたら問題ないと思います。

実際、会社の評価が誤っているパターンは存在しますし、事実を客観視した上での見解であれば、会社への文句や悪口ではなく公平な判断といえるはずです。

ほしい人材に「来てほしい」とストレートに言うのはダメ

採用というのは、恋愛に似ていると常々思います。

人材が必要であるほど、ほしい人材を追いかけたくなりますが、追いかけると「人が足りなくて困っているようだ」「人が足りないのには、何かネガティブな理由があるのでは」と疑念を抱かれかねません。

ほしい時こそ、追いかけるのではなく、追いかけられるようなブランディングをすべき。人材募集を告知する時も、入社したくなる呼び水を意識するのです。

募集の告知文は時間をかけて練り上げられますが、面接はタイムリーなやりとりであるため要注意。**知らぬ間に、「来てほしい」アピールが強過ぎてしまっていることがある**のです。追いかけたくなるブランディングを貫けているか、面接でのやりとりを一度、具体的に振り返るといいでしょう。

「来てください」「人がほしい」と言っている間は、相手の入社意欲は高まりません。同様の理由で、「給与を高くするから」というのももってのほかです。

恋愛では、モテていないとしても、モテているふりをしたほうがモテるもの。同じように採用でも、応募がたくさんありそうなふりをしたほうが、入社意欲は増すのです。

要は、惚れたほうが負けなのです。たとえ惚れるような人材であったとしても、**会社を大事にしてくれそうな人のみを採用すべき**です。会社を大事にしてくれない相手は、期待するほど頑張ってくれませんし、ヘッドハンティングの声がかかればすぐにいなくなってしまうでしょう。

採用は、人と人とのコミュニケーションです。細かいテクニックよりも、相手にどう思われているか、感覚を研ぎ澄ませて考えるのが何より大事。

話に共感してくれたと思ったら、**「いつ入社する?」と話を転換するような踏み込みも、時に必要**です。

内定防止策は全て無意味!

同様の文脈で、内定防止策は全て無意味だと考えています。

内定を出した後に辞退されるのは精神的なダメージがありますし、会社としてもポジションを空けて待っているので明らかに損失が生じます。私の会社でも、ヘッドハンティングで内定を出した後、入社直前で断られたケースが二度あり、内定辞退の痛みはよくわかります。


特に昨今のような売り手市場である時は、最終面接を通過するような良い人材は、何が何でも逃したくないでしょう。

しかしそれでも恋愛と一緒で、**こちらを見てくれない人は、無理に入社してもらっても**

意味がありません。たとえ入社したとしても、そこまでの成果は期待できないのです。

そもそも、内定を防止するための仕事は、何も生みません。そんなものに社員の時間とリソース、つまり会社のお金を使うのは本質的ではないでしょう。

「お見合いではいい感じだったのに、いざ付き合ったら合わなかった」「その程度の相性だった」と思って、一刻も早く気持ちを切り替え、次に進むべきです。

コストゼロの採用手段をとことん使い倒す

採用そのものは業績に直接的にヒットするものではないので、業者に任せられるところは極力アウトソースすべきと考えている人もいるでしょう。しかし、採用にお金をかけてはいけません。**お金をかけるほど、雇う側の期待が過剰になる**からです。

私の会社で、実際に活用しているものを紹介しましょう。

ハローワークをフル活用！

結論、当社の中途採用は、ほとんどがハローワーク経由です。ハローワークは採用全体の7～8割を占めます。

ハローワークはコストがかかりませんし、意外と優秀な人が来てくれるのです。

ちなみにハローワークで募集をかける際は、アピールポイント欄の記載を厚めにするのがおすすめです。**グループ経営であることも、安心感につながるのでぜひ書くべき**でしょう。

残りの2~3割を占めるのは、ヘッドハンティングとリファラル採用です。

リファラル採用というのは、自社の社員に人を紹介してもらう手法のこと。入社が決まったら紹介してくれた社員に謝礼を払いますが、一般的な中途採用の費用と比べたら微々たるものです。

リファラル採用も、良い人材が多い印象。さらに、会社との相性が良い人が来る確率が高いと感じています。そもそも紹介する社員だって、合わない人にはすすめないでしょう。また、友人や知人にすすめる時は自社の良いところをアピールするはずなので、愛社精神の育成にも役立っているだろうと考えています。

まだ成果は出ていませんが、最近はWantedlyとSNSでの求人にも取り組み始めました。

周りの経営者と話をする中でも、大手求人サイトを活用している会社が多いように感じていますが、人材の募集広告を打つのなら、その分、**自社サイトにお金をかけるほうが賢明**でしょう。実際、私の会社にも、自社サイトの問い合わせフォームから応募が来ます。

やや邪道かもしれませんが、地方で会社経営をしているなら、地方ならではの噂好きな側面を活用するのも手かもしれません。田舎や地方は、良くも悪くも口コミの力が強いので、業界内で嫉妬されるようなことをすれば会社の知名度は自然と上がります。

儲かっているという噂がたつように立ち回るのもいいでしょうし、社長が高級車に乗っているというのも、一種のＰＲ戦略となり人材採用に寄与するかもしれません。

第4章

中小企業がM&Aを成功させる極意

M＆Aで一番大事なのはスピード感

日本では２０１１年以降、Ｍ＆Ａの件数は増加の一途をたどっています。２０１９年のＭ＆Ａの件数は、２０１１年の実に2倍以上。２０２４年も、中小企業のＭ＆Ａにおける税負担を軽くする税制改正がなされることが発表されています。**中小企業の後継者不足は、国としてもそれだけ重要な課題なのです。**

まさに今、日本は空前のＭ＆Ａブーム。しかし、Ｍ＆Ａを実際にどう進めるべきか、経営者の目線で語っている情報はほとんどないのが実情でしょう。

よって、会社を拡大させたいと思っても、どこか不安感が残り、Ｍ＆Ａを始められない経営者は多いのではないかと思います。

逆にいうと、Ｍ＆Ａのやり方さえ世の中に周知されれば、後継者不足の問題は一気に解消するのではないかというのが私の考えです。

私はM&Aを6度しており、実にさまざまな条件やシチュエーションを経験しています。事業承継に悩む会社は非常にたくさんあります。もちろんテクノロジーの進化とともに淘汰されるところもありますが、世の中に求められているのに断念せざるを得ないような事業もあまたあるのです。

M&Aは、貴重な事業を存続させる有用な手段にもなるので、会社を拡大するための手法としてだけでなく、**社会的にも意義深い**ものだと思います。

ここからは、実際に私がどのようにM&Aを進めてきたか、できる限り具体的に記します。M&Aに興味のある人が、最初の一歩を踏み出すための一助になれば嬉しいです。

大企業の成長の仕方を調べる中でたどり着いたのがM&Aだった

まず、私がM&Aを始めた経緯をおさらいしたいと思います。第1章で詳しく記した通り、もともと私が父から譲り受けたのは単体企業でした。しかし、**地方の建設業界は、出**

る杭は打たれるのが普通。老舗が幅を利かせていて、会社を大きくするには限界があったのです。

どうすればこの壁を突破し飛躍できるか、私はあちこちから情報収集し検討を重ねました。その中で出会ったのが、大企業が遂行しているM&Aだったのです。

私が「M&Aしかない」と思ったのは、27～28歳の頃。まずは、仲介会社に問い合わせ、M&Aの案件情報をリサーチするところから始めました。実際に購入に至ったのは、それから5～6年後で、私が33歳の時でした。

この間、さまざまな交渉を重ねたのではと思う人もいるかもしれませんが、実は交渉はほとんどしていません。ほぼ準備に時間を割いていました。

しかし、いざ交渉が始まってからはスムーズでした。2～3カ月ほどで、正式譲渡となったと記憶しています。想定外の事態が生じることもなく、割とすんなり決まりました。

交渉の進め方に不安を抱いている人もいるかもしれませんが、**交渉以降は基本的に仲介会社がリードしてくれますので、そこまで心配する必要はありません**。

まずは、買う意思を固めるのが大きな関門。大きな買い物ですし、もちろん失敗はできませんが、心を決めねば何も始まりません。ある程度、勇気を持って踏み出す必要もあるでしょう。

勝率が7割以上なら踏み込むべき

仲介会社の情報を調べ始めてから買うまで、約5年もの年月を費やした私の経験からいって、**パーフェクトな企業が見つかるまで探し続けるのはおすすめできません**。現に私も、1社目は勝率の高さにこだわっていましたが、今となれば勝率は7割以上あれば十分だと思っています。

なぜなら、**M&Aで最も大切なのはスピードだから**。中小企業が取り組む場合はなおさら、スピードを重視しなければなりません。

M&Aは大企業を含め、さまざまな企業が取り入れている成長戦略なのです。大企業は情報もお金もたくさん持っていますから、融資を受けずとも現金ですぐに買えるところはいくらでもあります。

M&Aのフィールドでは、会社の規模に関わらずみなが一斉に戦っているのです。スピードだけでも勝っていないと大企業とは対等に渡り合えません。

むしろ大企業は、スピード面がいまいちであることが多いもの。なぜなら、取締役会に持ちかけて承認されないと買収を進められないことがあるからです。中小企業の経営者であれば、社長の独断で決めやすいだろうと思うので、スピード面は確実に有利。だからこそスピードを重視しなければならないのです。

「それでも、勝率が低いのは不安」と言う人もいるでしょう。しかし交渉には通常数カ月を要するので、交渉を進めながら勝率を高める方法を模索するようなことだってできるのです。なにせ買うまでにはさまざまなステップがあり、いざ買収を実行するのは半年後ということも少なくありません。

半年間あれば、相手の業界を勉強できるでしょう。意向表明をしたら組織の話を詳しく聞けるようになりますし、できることが増えていくのです。

最初は勝率が7割だと感じていても、指揮をとるまでに8割や9割に高めることは可能です。

スピード感のある進め方は、相手にも好印象を与えます。現に私も、スピード感ある対応に男気、心意気を感じてもらい、相手から「大企業ではなく君に譲りたい」と言われたこともあります。

大企業に抜きん出られないためには、走りながら取り組むような姿勢が何より重要。成功させられるかを考えて慎重になるのも悪いわけではありませんが、前に進めなければ始まらないのです。

勝率が低いほどホームランになりやすい

M&Aの経験がある人、そして本業が安定している人は、勝率のボーダーを6割まで下げてもいいでしょう。さすがに5割以下の案件は危険ですが、6割まであれば強気な姿勢を強めても構いません。

私が6割でも行っていいというのは、**勝率の低いものは、リターンが大きい**ことが多いから。野球でも、打率はそこまで高くなくとも、ホームランをよく打つ打者がいるでしょう。それぞれの球団ごとにさまざまなホームランバッターがいるように、大きなリターンを期待できる案件は意外とあるのです。

私が、勝率が低くてもいいと思えるようになったのは、船舶の部品加工という異業種に参入した時でした。すでに3社体制のホールディングスになっていたので、勝率が多少低くとも、リスクを分散できると思えたのです。

そもそもM&Aの目的は会社の成長なので、第1章でも記した通り**既存事業とのシナジー効果を前提に考える必要はありません**。もちろん、シナジーはあるほうがいいですし結果的に見出されることもあるでしょうが、シナジーは会社を成長させるための一手法に過ぎません。

会社を成長させるために何が必要か、最優先すべき事項は何かと考えると、シナジーが必須条件でないことは明らかでしょう。

私の周りにもM&Aの経験者が多数いますが、**失敗しているのは大抵、策に溺れている**

のが原因。形にこだわり過ぎているため、目的を見失う人が少なくないのです。
そもそも手段を重視するあまり、買えないでいては意味がありません。

会社の成長は、スピードが命。すぐに、私ほどのスピードでそれぞれの事業を把握し、買収を進めるのはなかなか真似できないかもしれませんし、人によっては「かなり大変だろう」「無理をしているのではないか」と心配になるかもしれません。

しかし、多角経営は純粋に楽しいです。そもそも私は飽き性かつ、何でもやってみたい性格なので、グループ経営になってやっととしっくりきた感もあります。

自分の世界を広げたい人、日々に刺激がほしい人こそ、M&A、すなわちグループ経営は合っているでしょう。

M&Aプラットフォームの利用をおすすめできない理由

もしかしたらあなたは、良い案件を見つけるべくM&Aプラットフォームと毎日にらめっこしてはいませんか。一般的なサイトであれば基本的には無料で案件を閲覧できますし、毎日お知らせメールが届くので新着案件をチェックする癖を付ける意味では、M&Aプラットフォームは有効なのかもしれません。

しかし残念ながら、**一般公開されているM&Aプラットフォームにはお宝案件はありません**。売り手からオファーの連絡が入ることもあるでしょうけれど、なるべく早く買われないと、困る事情があるかもしれません。

そういった案件に手を出すと、苦労する可能性も考えないといけないでしょう。

では、初心者は案件情報をどこから仕入れるべきか。その答えはズバリ、対面式の仲介会社です。

仲介会社で紹介されるのは、担当者のふるいのかかった案件のみ

どのプラットフォームでも、日々どんどん新しい案件が生まれています。有象無象とまではいいませんが、さまざまな検索機能や新着オファーなどを駆使しても、良い案件を自分で見つけ出すのは至難の業。

そもそも**掘り出し物は公開情報になる前に、人の手に渡ってしまう**ものです。

だからこそ、仲介会社の担当者と直接パイプをつなぐのです。

仲介会社に問い合わせ、担当者を付けてもらえば、自分の希望にあったものをすすめてもらえるので良い案件に出会う確率が高まります。一般的に担当者が扱うものは、プラットフォームで公開されているものよりも大規模であるのが通例。そのため個人で買うのは難しいものが多いのですが、中小企業であれば買えるはずです。

現に私も、仲介会社とは10社以上とやりとりしています。成約まで進んだのは10社中1

社、つまり毎回同じ仲介会社を通していることになりますが、それでも**多くの会社と付き合うのは自分の見る目を養うため**。

仲介会社からはほぼ毎日情報が流れてきますし、提案を受けようとすれば毎週だってさまざまな案件を紹介されるでしょう。

もちろん希望に合致しないものも多いのですが、案件内容を眺めるだけでもM＆Aに必要な勘を養えます。少なくとも、売り手市場なのか買い手市場なのか、どの業界が売りに出されやすいのかなどは、自然と分かるようになるでしょう。

仲介会社は常に買い手を探しているので、読者の中にはすでに仲介会社から営業を受けている人もいるかもしれません。疎ましく感じたかもしれませんが、ぞんざいに扱ってはいけません。

私の場合、仲介会社との最初の付き合いは、信用調査会社からの紹介がきっかけでした。ちなみに信用調査会社との関係性はM＆Aを進める上で非常に重要なため、後ほど詳しく説明します。

エリアや業種にこだわると良い案件を取り逃がす

私が仲介会社に依頼する時の条件は次の2つです。

①高収益であること
②ニッチさがあること

利益率の水準は業種によって異なるので、売上や利益についての具体的なボーダーラインは提示していません。

この条件を人に話すとよく驚かれるのは、エリアも業種も指定しない点。私はエリアや業種にこだわらないのです。

もちろん近隣企業のほうが何かと便利でしょうし、エリア特性への理解もビジネスをする上で有利に働きますので、近いに越したことはありません。しかし**今は、どこにいても**

Webでビデオ会議をできる時代ですし、そのエリアならではの情報もインターネット上にたくさん転がっています。

果たしてエリアは、そこまで重要でしょうか。むしろ、エリアを絞ることで良い案件が弾かれてしまうことのほうがもったいないでしょう。

異業種でも可としているので、オンラインサービスなどまったく関係のない業種をすすめられることもあります。私はまだ、大きく異なる業種の企業は買収していませんが、それは業種を意識しているからではなく、単にまだ良い案件にめぐり合っていないからというだけです。

細かい条件が合い、交渉がうまくいきさえすれば、どんな業種でも買い向かうつもりでいます。

仲介会社の担当者を見極める目も大事

私のオーダーは、そこまでハードルが高くないことはわかってもらえたでしょう。それでも、仲介会社の担当者への不満はゼロではありません。

仲介会社の担当者は千差万別で、こちらのことをよく理解してくれる熱心な人もいるのですが、まったく勉強をしない担当者だけは御免です。

よくあるのが、受け売りのような会話しかできないパターン。特に経験値が低い担当者の場合は、現場はおろか市場のことすらまったく理解していないことがよくあるのです。資料としてはきれいにまとまっているように見えても、簡単に信頼してはいけません。実際に会話すると「……って言っていました」というフレーズが次から次へと出てくることがあります。

担当者本人の見解がゼロでは、仲介会社としての機能を果たしていないに等しいでしょう。そんなバカなと思うかもしれませんが、意外といるのです。

勉強している人かどうかは、少し話せばすぐにわかるでしょう。**会話のキャッチボールが成り立たないのは、勉強不足なのを隠しているサイン**であることがほとんどです。話すだけ時間が無駄になります。

案件そのものは良い場合もあるとは思いますが、会社というのは気軽な気持ちで買えるような額でも物でもありません。信頼できない担当者には、危なっかしくて任せられないでしょう。

仲介会社も受託している身なのですから、売り手側からヒアリングしたものをそのまま持ってくるのではなく、自分なりにきちんと分析して、適性や伸び代を評価してから持ってきてほしいものです。

それでも「案件を運んでくれたのだから」と、勉強不足の担当者に価格交渉を依頼したこともありました。しかし、ヒアリングし直すどころか、交渉すらせず「無理です」と返答してきたのです。閉口せずにはいられませんでした。

また、怪しく感じた担当者の持ってきた案件をしっかり見たら、提示金額は5億円にもかかわらず、妥当な額は3億円ほどだったこともありました。

不動産でも、同じように高く値付けされていることはよくあるでしょう。売主が高く付けた案件を仲介業者がそのまま引き受けてしまうこともあるのだと思いますし、**仲介会社に入りたての新人は、初成果を上げたいがために「高く売ります」と約束して高く提示す**

ることも多いと聞きます。

しかし、それでは買い手はなかなか見つかりませんよね。高値で引き受けてしまったがために、売れなくなってしまうパターンは少なくないようです。

なお、不動産と同様に、M&Aでも仲介会社が割安で受けていることはほぼありません。ほとんどの場合が割高です。怪しい担当者と付き合っていては、買い手も売り手も損をしてしまいます。

横文字や専門用語ばかり使う人も、怪しいと思うのが無難です。若いのは悪いことではありませんが、若い人の中には調子よく振る舞っている人が多いように思います。軽そうな人には、要注意。**変な担当者が付いたら、担当変更を依頼しましょう**。嫌がられることもなく、スムーズに代えてもらえるはずです。

M&Aを数回経験したら、税理士経由で売り手を探すのもあり

私がこれまで検討した案件数は20〜30案件です。その全てが仲介会社経由でしたが、今

後は仲介会社を挟まないだろうと思います。なぜなら、仲介会社の手数料は高額で額にすると結構な大きさになるからです。

もちろん、案件を運んだり双方の意向を調整したり、仲介会社が必ずしも手数料分の働きをしていないとはいいません。

しかし、売り手とつないでくれるのは仲介会社だけではなく、案件を探す方法はいろいろあります。特に売り手の情報がたくさん集まっているのは、税理士法人でしょう。事業承継の課題を抱えている会社がまず相談するのは、税理士だといいます。税理士法人サイドへは、売り手から手数料が入っているようで、買い手側のコストがかからないような話し方をすることも可能です。つまり、**買い手側の持ち出しがゼロでも、企業を買えるということです。**

聞くところによると、税理士から仲介会社に案件を持っていくこともあるのだそう。それほど、税理士法人には売却希望の情報が集まっているのです。

おそらく税理士法人が受け取る手数料は、仲介会社から得るよりも、売り手から直接もらうほうが大きいでしょうから、税理士法人から買うのは税理士法人サイドにも利があるはずです。

税理士法人は、会社の会計状況や内情を把握していることが多く、**情報の信憑性という意味でも有益**だと思います。

とはいっても、仲介会社の抱える案件数は膨大ですし、ステップごとに仕切ってくれるメリットもあるので、初心者のうちは仲介会社を頼るのが無難。

税理士法人経由は数年先の目標とし、まずは仲介会社の担当者経由で案件情報を得て、妥協せずにしっかり見極めてください。

買収の意思を固めるまでのステップ4つ

では、M&Aを進める上でのノウハウを、具体的に説いていきましょう。まずは、買い手側が買収の意思を固めるまでのステップを詳しく解説します。

STEP1：ノンネームシートの確認

まずは、企業名を伏せたノンネームシートを確認するところから始まります。ノンネームシートに書いてあるのは、事業内容や地域、売上規模などの概要のみ。会社が特定されない程度の情報に留まっているため、このタイミングではA4サイズの紙1枚分の情報しか得られません。**エリアや業種面で精査する程度のことしかできないと**思っておいてください。

［図1］ 対象企業ノンネームシートの例

令和○年○月○日現在

案件概要	売却#
業種	学習塾
売却条件	事業譲渡
売却希望金額	○○○○円
エリア	○○市○○区
従業員数	○○名　※従業員の引継ぎ可（応相談）
備考	**《企業概要》** ○○市○○区で運営している創業○○年の学習塾。授業はマンツーマンのクラスなど少人数制中心で、小学生から大学受験まで対応。駅近でかつ広い駐車場があり、送迎にも便利な好立地です。 **《直近実績》** R3年4月期決算　（単位：千円） **・売上**　○○○○　**・営業利益**　○○○○ **《売却理由》** 経営者高齢に伴い、事業承継のため
情報入手元	☑当社オリジナル（担当：○○○○） □外部より（□M&A仲介業者　□銀行　□ファンド　□その他）
株式会社○○××　〒000-0000　○○市××区△△0-00-00　○○ビル0F 担当：○○　TEL：00-000-000　FAX：00-000-000	

STEP2：ネームクリア

ネームクリアとは、売り手の情報を買い手側に公開していいか、仲介会社から売り手側に打診することをいいます。問題ない場合は、買い手側と仲介会社間で秘密保持契約を締結した上で、ネームクリア、つまり企業名およびその他の詳細情報の開示へと進むことになります。

もちろん、ネームクリアの結果、買い手側からNGが出る場合もあります。

ちなみに私の場合は、ノンネームシートの確認とネームクリアはスキップするのが通例。もちろん秘密保持契約は締結していますが、ノンネームシートはあまりに情報が少ないので、仲介会社のほうで精査してもらい、合いそうな企業は**事前にネームクリアまで済ませた状態でつないでもらっています**。

STEP3：インフォメーション・メモランダムをもとに検討

ネームクリアと同時に、買い手は案件の詳細な情報を受け取ることになります。

企業名・事業の概要と沿革・過去の財務諸表・変動要因分析・市場環境分析・将来の事業計画などが書かれているのが一般的ですが、特に内容に規定はなく、形状もそれぞれです。

私が最初にチェックするのは、EBITDA（イービットディーエー）です。目安としては、**10人ほどの会社であれば、1億円を超えていたら合格**でしょう。従業員数が30人であれば、2～3億円はほしいところです。

EBITDAの次に、フリーキャッシュフローを見ます。フリーキャッシュフローは前述と同じで1億円はほしいところです。

EBITDAとフリーキャッシュフローが両方とも合格点に達していない時は、これ以上検討を進めません。辞退です。ちなみに、**ここで半分程度が足切りになります**。

用語解説

【EBITDA】

人によって定義が異なりますが、私は「営業利益＋減価償却＋支払利息」の合算値をEBITDAとしています。減価償却と支払利息は、本来は利益であるものが削られている分の数値。投資と同じなので、EBITDAこそ本来の利益と捉えていいでしょう。もちろん、高ければ高いほうがいいです。

【フリーキャッシュフロー】

企業が日々のビジネスで得た現金から、必要な出費を引いた額。フリーキャッシュフローが多いほど投資に回しやすいので、EBITDAと同様に高いほど優秀です。

ＥＢＩＴＤＡとフリーキャッシュフローが合格であれば、実際に自分で運営できるかの観点で全体的に俯瞰します。

まず見たいのは、やはりＢＳでしょう。ＢＳは左上の流動資産および右下の純資産が多いのが理想ですし、ネットキャッシュも多いに越したことはありません。しかし、項目一つずつをチェックするというよりは、全体的にざっと見るので十分です。

有利子負債が気になるかもしれませんが、多少なら問題ないでしょう。それなりにあったとしても、他の条件が良ければそこまで問題ではありません。

固定資産の状況も含めてひと通り確認し、自分でやっていけそうか、10年、20年と続けられそうかを判断します。

また、自分で運営できるかどうかを判断するには、**ビジネスのキーマンが社長でないか**も必ずチェックしてください。社長個人が持っている技術力が会社全体の業績を牽引している場合や、社長のタレント性ゆえに売上が立っているような場合は難しいでしょうね。

また、仕組み化がどこまで進んでいるかも、買収した後、スムーズに事業を推進できるかどうかに影響します。業務フローが仕組み化されていれば、社長が交代しても社員はそれまでと同様に業務を続けられるので、そこまで手がかからないはずです。

自分で運営するイメージがついたら、妥当な買収金額を自分の中で算出し、その後、初めて売り手の希望価格を見ます。

資料を受け取ると、まず売却希望価格を見たくなるものですが、**最初に金額を見てしまうと、無意識のうちに希望価格をベースに書類を読み進めてしまう**のです。

売り手の掲げる希望価格が、自分の想定した金額と大きく乖離している時は手を出さないのが無難でしょう。「１億は許容範囲、２億は辞退」と考えています。

買い手サイドにとっては数ある案件の一つかもしれませんが、売り手にとってはこれまで心血を注いで育ててきた大切な会社なのです。少しであれば価格交渉は問題ありませんが、**大きく買い叩かれてはプライドが傷つく**でしょう。少なくとも、いい気分ではないはずです。

どちらかが気分を害しては、友好的なM&Aにはなりません。友好的に進まなければ、たとえ買えたとしてもその後何か悪影響がないともいえませんし、金額のギャップが大きい時は辞退すべきです。

インフォメーション・メモランダムを見ても問題がなく、自分で経営するイメージがつき、価格も想定範囲内であればもう少しです。購入の意思が固まりつつあるといっても、過言ではないでしょう。

STEP4：業界リサーチ

現在手がけている業種とは異なるフィールドへの参入となる時は、続いて業界リサーチへと進みます。

やはり、成長している業界のほうがいいですし、今後さらに伸びる期待感があればなおよしでしょう。検討している会社が業界全体の平均と比べてどうか、どのような独自性を持っているかなども、詳しく分析します。

斜陽産業の場合は一気に不安になるかもしれません。しかし、**ニッチなポジションを築けていれば問題ない**と私は考えています。

ただし、有事で需要が盛り上がっただけの製品を作るメーカーなど、未来を見通せない業界、時代が終わってしまった業界だけはダメです。10年先を見通せないようであれば見送り、次に進みましょう。

また、自社グループに入った時にどのようなシナジーを生み出せそうかも、このタイミングで検討します。**シナジー効果が意外とありそうなら、相手の希望価格が若干高かったとしても条件を満たせるかもしれません**。これをバイヤーズバリューといいます。

以上が、買い手側の検討ステップです。この間、売り手は検討結果を待っている状態となります。

営業利益だけでは本質は分からない

案件を検討する時、営業利益、つまり本業で稼いだ利益を重視する人もいるようです。しかし、**営業利益で判断することほど危ういものはありません**。なぜなら、営業利益は単年だけいいように見せようと思えば見せられるものだからです。

例えば、半年〜1年ほどコストカットに全力を注いだら、営業利益はぐっと高くなります。しかし、短期的には無理をできても、翌年は立ち行かなくなるでしょう。

営業利益の見せ方に作為が込められているかは、売上総利益と営業利益の相関を見ると分かります。あまりにバランスがおかしく、その原因を想定できない時は大抵の場合、何かしらの意図が込められています。

「営業利益の数字を、作為的に作る経営者などいないだろう」と思うかもしれませんが、意外に少なくありません。M＆Aに売りに出すのが初めてでも、金融機関から良く見られたいがために、もともと営業利益をコントロールしている会社は一定数あるのです。

その数値が、インフォメーション・メモランダムにも掲載されてしまっているので注意してください。

もちろん営業利益も大事ではありますが、見る時は数年分の推移をチェックする癖を付けましょう。

あるいは、ＥＢＩＴＤＡやフリーキャッシュフローを見るのを習慣づけるのもおすすめです。営業利益以上に、経営の実態をリアルに語ってくれます。

支払利息と減価償却がないというのは投資をしていないという意味なので、むしろ営業利益が出ていてもＥＢＩＴＤＡが高くなければ将来性の面で懸念が残ります。

ちなみに、年商は何の参考にもなりません。私自身も、自社の年商すら覚えていないほどです。

高値づかみがなくならないワケ

例えば利益一つをとっても、営業利益・売上総利益・経常利益・当期純利益など、利益の指標はさまざまあり、読み解くのが厄介であることは重々承知しています。

しかし、先ほども記した通り、仲介会社にはいい加減な担当者がたくさんいるのです。自分の頭でしっかり判断しなければ、損をしてしまいます。

少なくとも、仲介会社のいうことをそのまま鵜呑みにするのだけはやめてください。業界ごとに特性がありますし、異業種の場合は戸惑うことも多いだろうとは思いますが、**仲介会社に質問を投げかけるぐらいならできるでしょう**。

もちろん技術的なことまでは掘り下げても意味がありませんが、経営における普遍的なことについてであれば、たとえ細かい数字に関することであっても、いくら質問してもいいのです。

説明に納得できれば問題ありません。納得できなければ、おそらく高過ぎです。

仕入れ元や売り先が国外の場合は、為替だって考慮してください。為替の変動で損益もがブレるのは当然なので、売上や利益が上下しないのは明らかに事情ありです。

M&Aは買い手同士の戦いでもあり、売り手や仲介会社との駆け引きでもあります。正確に理解していなければ、必ず足をすくわれます。

まず疑問を持つこと。そして、徹底的にヒアリングすること。

そうして**判断の精度を上げなければ、妥当な条件での交渉は成立しない**と心得ましょう。

トップ面談から最終譲渡まで

買収の意思を固めたら、トップ面談をし、契約を進めていくことになります。

トップ面談に来るまでは、リサーチや分析を重ね膨大な時間と労力をかけているため、「失敗したくない」「逃したくない」との気持ちが募るかもしれません。

しかし、**焦ってはいけません**。状況によっては、撤退の決断を下すのも大事です。ここまでどれだけ大変な思いをしたとしても、買うまでの苦労はたった数カ月間。一方、いざ買った先には何年、何十年と続いているのです。

誤った判断をしないよう、抜かりなく一つずつ着実に進めていきましょう。

トップ面談では相手の人柄を見て相性を推し量る

トップ面談は、両者の顔合わせの場です。

開催場所はまちまちで、所要時間も食事の有無もその時々で異なります。私は一度ですが、相手の会社に訪れたこともありました。場所や日程、シチュエーションの調整は、基本的には仲介会社がリードしてくれます。特に注意すべきことはありませんので、リラックスして臨んで構いません。

トップ面談の回数は、基本的には1回です。私は、相手からのリクエストで2回行ったこともありましたが、2回行うのは異例中の異例。1回限りの勝負と思い、聞きたいことは全て尋ね、しっかり自分自身をアピールしてください。

話す内容も、人によって異なるでしょう。私はどちらかというとフランクなタイプで、趣味やこれまでの人生の話など、会社と関係ない話ばかりします。仕事の話は、もちろん聞かれれば答えますが、私からはほぼ持ちかけません。

雑談のような話ばかりするのは、トップ面談では相手の雰囲気や人柄を知るのが何より大事だと考えているから。仕事の話となると、人はどうしても取り繕いたくなるものです。しかし、雑談であればそこまで良く見せようとはしないので、相手がどんな人かを理解しやすくなります。

トップ面談では、特に態度に気を付けましょう。金銭が絡む場合、暗黙の了解として買い手が上で、売り手が下のような風潮があるのはM&Aに限らずですが、それは間違いです。偉そうな態度をとってはいけません。

そもそも**売り手は、20～30年経営し続けている人がほとんど**です。年齢も経営年数も、自分よりもずっと長い大先輩ばかりですので、リスペクトの気持ちを持って相対してください。

敬意を表す言葉をやたら発したり、おべっかを使ったりする必要はありませんが、リスペクトの気持ちがあるかどうかは自然と態度に表れます。

トップ面談では、何を話すかよりも、相手へのリスペクトの気持ちを固めることのほうがよっぽど大事。上下のないイーブンな関係を目指せば、自然と心を開いて会話できるはずです。

トップ面談の後で破談としても問題ない

今のところ私は、トップ面談の後に相手から断られたことはありませんが、こちらから破談を申し入れたことは二度あります。

一つは、オーナーが会社の経営を理解できていないと感じた時。財務状況の説明はしてもらえたのですが、数字に対する理解がどう考えてもおかしいのです。私の目で見ると絶好調とはいえない状況なのですが、相手の方は経営状況が良いという前提で話を進めていました。

おそらく、細かい部分は税理士に任せっぱなしにしていて見えていないのでしょう。よく分かっていないために、話を大きく盛っていることが見え見えでした。

話が噛み合わない相手には、改善策を提案しても議論になりません。お互いの目線を合わせるだけでも、手間がかかることが優に想定されました。そもそもタッグを組んで経営改善に取り組めそうな感じもしませんし、最終譲渡に進むまでも面倒なことが多そうに思ったため手を引きました。

もう一つは、オーナーの我があまりに強かった時です。まさに「俺の会社だ」と言わんばかりの雰囲気で、うまく経営を引き継げるイメージを持てませんでした。社長が会社を私物化しているかどうかは、決算書を見ればある程度予測できるので大丈夫だろうと思っていたのですが、決算書には現れないこともあるようです。最終譲渡が目前となったタイミングで、いろいろと口を出してきそうな気配がありましたし、オーナー権が譲受サイドへ移った後も経営に口を出してきそうな感じもあったため、破談を決意しました。

いずれも、辞退したことを後悔してはいません。しかし、これまで積み重ねてきた苦労を思うと、果たして破談の決断を下すほどのことか判断に悩むこともあるでしょう。

もし迷いが生じた時は、**相手の会社を見に行く**のが一番です。

会社を見れば、社員の表情や会社の雰囲気からおおよそのことがわかります。さすがにこのタイミングでは、一般社員から直接話を聞くのは難しいですが、例えば物がきれいに整理されているかどうかを見るだけでも、会社がうまく回っているかは想像できるでしょう。

整理整頓は、業務の効率化に欠かせません。書類が乱雑に置かれている状況では効率が上がらないですし、機密情報が漏れそうな感じもします。重要ではないから乱雑に置いているのだとしたら、なぜ不必要な書類をプリントアウトしたのかと、経費の観点で疑問が湧きます。

多少は目をつぶってもいいかもしれませんが、整理整頓から教育しなければならない状況では、思い通りに経営するまでかなりの時間を要しそうです。

往訪するとさまざまなことがわかりますので、見に行ける時はなるべく足を運んでください。信頼の置ける仲介担当者が見つかったら任せるのもありですが、少なくともM&A経験が1～2社のうちは、自分の目で見るのがおすすめです。

基本合意以降は緻密さが勝敗を分ける

トップ面談を経て、両者ともに「M&Aに向けて交渉を進めたい」という意向が固まったら、条件面の擦り合わせに移ります。**条件面をまとめた書類が、基本合意書**です。

基本合意書には、次の項目が書かれるのが一般的です。

- **取引形態（株式譲渡なのか事業譲渡なのか）**
- **譲渡価格**
- **今後のスケジュール**
- **デューデリジェンス（買収監査）の協力義務**
- **独占交渉権の付与**
- **その他合意事項**

ここまでは、全体感を把握したり人柄を見たりと、俯瞰的な鳥の目を持った対応が重要でした。しかしここからは、虫の目で細かく確認していく必要があります。

なお、基本合意書の条件はあくまで基準です。一つひとつの条件を擦り合わせたり、条件の内容変更に伴って価格も交渉したりと、微調整していくことになります。

このタイミングで破談になるのも、よくあることです。突然相手が「オーナー権は譲るが、やはり社長として残りたい」と言い出すこともあるでしょう。案件ごとにイレギュラーなこともさまざま起きることが予測されますが、基本的には一つずつ丁寧につぶしていけば問題ありません。

私自身、このタイミングで白紙に戻したことも一度経験しています。理由は、基本合意書に「特定の不動産を買う時はあらかじめ相談すること」と明記していたにもかかわらず、相手が無視して買ってしまったからでした。

譲渡側のオーナーは80代の方でしたので、長い人生の中でさまざまなことを経験し、多少のことに動じなくなっていたのかもしれません。あるいは、基本合意書の重要性を理解していなかった可能性も考えられます。

いずれにせよ、不動産を買ってもなんとかなると思っていたのだろうと思いますが、こちらとしては信用関係が一気に崩れたようにしか感じられませんでした。

基本合意書の締結後、譲受側は融資を受けるために奔走することになります。書類を揃え、銀行と諸条件を擦り合わせている最中に不動産を買われると、条件が変わるためにゼロからやり直しになってしまうのです。

白紙に戻るのですから、そこまで進めていた分は全て水の泡ということ。徒労を感じると同時に、また何か別の厄介ごとが起きそうな予感しかしませんでした。

最終譲渡契約は「M&Aのゴール」かつ「経営のスタート地点」

基本合意書をもとに諸条件を擦り合わせた後、最後に作るのが最終譲渡契約書です。最終譲渡契約書は、法的な拘束力がある重要な書類。具体的な決定事項が細かく記載されます。

最終譲渡契約書を結んだら、M&Aは完了です。ここから経営の道が始まります。

譲り受けた後は、自分なりに改革を推進することになるでしょう。しかし、**相手の会社も、それなりの業歴があって今が成り立っている**のです。リスペクトを忘れてはいけません。

たとえ業績が優れなかったとしても、改善案を押し付けるのではなく、寄り添いながら提案ベースで持ちかけるべきです。

どのように改革を推し進めるかは、まさに経営者としての腕の見せどころではないでしょうか。

何より大切にすべきは、**相手方の社員に変化している感を与えないこと**でしょう。そもそも人は、変化に対して多かれ少なかれ不安を感じストレスを抱くもの。だからこそ、**今までと同じように働けるということは、とりわけ強調すべき**だと思います。

どんな会社であっても、社員がモチベーション高く働ける環境を築くのは経営者の務めです。

中には、最終譲渡契約書の締結後すぐに親会社のやり方に合わせる人もいるようですが、私はおすすめしません。

経営者同士は譲渡前から話し合いを重ねていますが、**従業員にとってM&Aは突然のこと**でしょうし、細かい経緯まで把握していないため、そもそも戸惑っている状態なのです。グループ経営を円滑にするには、ある程度揃える必要もあるとは思いますが、そこまで重要でないことは極力、既存のルールを踏襲するほうが無難です。変えるにしても、様子を見つつ徐々に推進するべきでしょう。

また、親会社が上、買収された側が下というように上下関係が生まれるケースもあるようですが、買収された側の会社の社員はたまったものではありません。気分が悪いですし、モチベーションが下がり仕事が回らなくなるのがオチです。

上下関係は自然発生することがあるので、従業員が勘違いしないように経営者がしっかり目を配らなければいけません。

特に**最初の数カ月間は、イーブンな関係を築けているかを気にするようにしてください**。

M&Aを加速させる秘訣は会社の「評点」

会社は現金で買えるに越したことはありませんが、どんなにキャッシュがあるところも、2社、3社と買い進めればさすがに融資が必要になるでしょう。

私の場合、3社目までは地銀から融資を受けました。4社目の時、大きく借りる必要が生じたためメガバンクからの融資に依頼することとなりました。

その際、特に気にしていたのが、会社の「評点」です。評点とは、**帝国データバンクが企業を100点満点で評価した点数**のこと。公平性を保つために自社の評点はみることはできませんが、会社の規模や安定性はどうか、経営活動が健全か、支払い能力があるか、経営者の能力はどうかなどを、第三者機関の目線から評価したものです。

評点しだいで、メガバンクから融資を受けられるか、どれほどの金額が出るかが変わります。

［図2］評点の評価項目の例

信用要素	評点
業歴(1～5)	5
資本構成(0～12)	6
規模(2～19)	4
損益(0～10)	7
資金現況(0～20)	9

信用要素	評点
経営者(1～15)	10
企業活力(4～19)	10
加点(+1～+5)	
減点(-1～-10)	
合計／100	51

信用程度
A(86～100)
B(66～85)
◎C(51～65)
D(36～50)
E(35　以下)

【業　　歴】　企業運営の継続性を評価。業歴が長いほど高得点
【資本構成】　企業財務の安定性を評価
【規　　模】　年売上高、従業員数など経営規模を評価
【損　　益】　会社の損益を決算報告書などから客観的に評価。
【資金現況】　調査時点での業況・収益・回収状況・支払状況・資金調達余力を評価
【経 営 者】　経営者を、個人の資産背景や経営経験、人物像などの要素から評価
【企業活力】　TDB調査員が、企業活力を人材・取引先・生産販売力・将来性の要素で評価
【加点／減点】　上記項目だけでは十分に反映されていない要素がある場合、当項目で反映

評点について知った後、どうすれば評点が上がるのかを信用調査会社に聞き、すぐに対処しました。

私がまず取り組んだのは、決算書の作り込みです。決算書は、事業年度ごとの収支を記すもの。しかし、経営者本人が理解できればいいというものではありません。

もちろんそれまでも貸借対照表・損益計算書を始め抜け目なく作り込んでいたつもりでしたが、経営者や企業活力や加点の部分を意識し、アピールしました。

また、経営者の評点アップにも取り組みました。具体的に行ったのは、今までの実績や将来のビジョンのアピールです。

ちなみに、信用調査会社へ評点について訪ねる経営者は少ないようで、最初は驚かれました。

確かに、信用調査会社が経営者の相談相手になりにくいのは分かる気がします。自分自身を他人から評価されて嬉しい人間はいません。信用調査会社は自分を評価する側の立場ですから、そもそも頼ろうという発想が湧かないのでしょう。

しかし、評点は融資において重要なポイントであり、評点のカギを握っているのは信用調査会社です。**評点には定性面でのチェックポイントもありますし**、信用調査会社と仲良くなったほうが得であるのは明らかでしょう。

一時の対策に終始してはいけない

会社の評点は、軽視してはいけません。会社経営では利益を出し続けるのももちろん大事ですが、会社そのもののコンディションを全体的に底上げし、評点アップを意識することもM&Aにおいては非常に重要なポイントなのです。

ちなみに評点は、会社によって大きく差があると聞きます。低めのところだと30〜40点台。多少、対策を打てば50点までは割と簡単に上げられるようですが、50点を超すと上げるのが一気に難しくなり、1点の重みが増すそうです。

だからこそ、「自分の会社は、50点ぐらいはあるのでは」と思うのなら、少しでも積み上げられるよう頑張ってほしいもの。**50点と51点では、銀行の見る目が変わる**と聞きます。60点を超えると大差がなくなるようですが、60点以上の会社はそう多くないようですので、評点の評価項目をもとに会社を多角的に見直してみてください。

評点を味方につければ経営はもっと太くなる

評点は1年に一度、必ず更新されます。また、期中であっても再調査可能。再調査は、自社はもちろん他社についても依頼できます。

つまり、信用調査会社による評価は、いいようにも悪いようにも使われるのです。中には、競合企業が期中に損失を出したら、信用調査会社に再調査を依頼する会社もあると聞きました。1～2点ではそこまでインパクトはないでしょうが、5点下がれば銀行の見る目はガラリと変わります。まさに**信用調査会社は、企業同士の裏の戦いで使われているの**です。

企業同士の足の引っ張り合いが嫌なら、そもそも最初から信用調査会社に協力しないのも手でしょう。依頼を断り続ければ、会社の評点は出ません。

ただ、調査は対面ではなく電話取材のこともありますし、封書も定期的に届くので、時として厄介に感じることもあるだろうと思います。

しかし、調査依頼が入るのは、信用調査会社が何かしらの情報を握っているからという場合があります。改めて経営を振り返り、気持ちを引き締めるべき時かもしれません。

会社を大きく成長させたいのなら、「調査を避ける」「調査に備える」よりもむしろ、**「調査が入っても問題ない状況をスタンダードにする」**マインドでいるのが理想です。

私の進めてきたM&Aの軌跡

ここからは、私の手がけてきたM&Aについて、一つひとつ紹介しましょう。

1社目：消防設備および管工事業（2020年5月／当時33歳）

年商：12億円　本社所在地：和歌山県　社員数：70名

対象会社は、もともと父が経営していた会社です。

父は私に継がせるつもりでいたようで、前々から打診を受けていました。しかし、父は新しい取り組みに対しては面倒さしか感じず、現状維持を貫こうとする人間。実力主義であるべき、もっと効率化を図るべきという考えを持っている私とは経営方針が大きく異なるため、雇われ社長を引き受けるのは固辞していました。

状況が変わったのは２０２０年3月のこと。M&A文脈で父から正式に経営譲渡の提案があり、オーナーになれるのであればということで話を進めました。

親子間のやりとりとはいえ、会社の譲渡にあたっては税理士を入れました。企業価値が専門家目線で算定されたこともあり、最初の買収ながら4月に社長に就任、5月に買収とスムーズに進みました。

2社目：電気工事業（2020年7月／当時33歳）

年商：8億円　本社所在地：和歌山県　社員数：14名

対象会社は、１９６１年に創業した老舗企業です。主な事業は電気工事。代表は当時56歳でした。後継者が不在であるため買い手を探していましたが、今でも代表は社長を続け、私は取締役のポジションでバックアップしています。

仲介会社経由でのM&Aとはなりましたが、実は対象会社の社長と私はもともと顔見知り。公共工事の入札についてなど、20代後半の頃からいろいろと相談して教わるような関係だったため、県外企業による買収を求めていたにもかかわらず特別に通った形でした。

最初に話があったのは、2020年5月頃です。それまでの関係があった分、面談は多少やりにくさがあったものの基本的には滞りなく進み、最終的には「田村くんのビジョンを応援させてほしい」と言われ、即決でした。

年商や規模感がちょうどよかったのはもちろんのこと、業種的に1社目と親和性があったのもプラスに働きました。

3社目：建設資材卸売業（2020年11月／当時34歳）

年商：11億円　本社所在地：和歌山県　社員数：10名

対象会社は、建設資材の販売店です。内部留保が十分にあり経営そのものはうまくいっていたものの、オーナー社長である先代が他界したため、社長の奥さんと娘さんが暫定で経営をしている状態でした。私の交渉相手となったのも、奥さんと娘さんの二人です。

先代が心血を注いで経営してきた会社ですから、良い経営者に譲りたい気持ちが強かったのでしょう。**売り先へのこだわりが強いこともあり、希望する買い手がなかなか見つからない状況が続き、**地元で買収を検討している経営者は、みな牽制しあっているような状態でした。

そのおかげもあり、私が決断してからは、交渉はトントン拍子で進んだのをよく覚えています。買収後は、グループ会社内の人員を代表に据えました。

ちなみに、周りから「絶対に失敗する」と言われたのはこの頃です。確かにリスクはありましたが、**大きなリターンに期待して腹をくくりました。**

4社目：船舶部品製造業（2021年7月／当時34歳）

年商：2億円　本社所在地：岡山県　社員数：12名

対象会社は、船舶の部品を加工する企業です。

代表は当時64歳で、後継者不在のため売りに出ていました。キャッシュリッチの状態にあり、会社の経営状況は良好でしたが、代表が希望するような**経営への熱意に溢れる買い手がいない**とのことで、私のところに話が来ました。

トップ面談の際には、私がM＆Aに取り組む理由を話し、今まで通りのやり方で事業を進めてほしいといったことを伝えました。

結果、「それなら安心だ」と言っていただき、総じてスムーズに進みました。

5社目：土木・造成工事業　不動産業（2022年8月／当時35歳）

年商：10億円　本社所在地：岡山県　社員数：17名

対象会社は土木・水道工事の会社で、当時のオーナーが高齢であるため後継者を求め売りに出ていました。交渉は問題なく進んだものの、**買収した3カ月後にオーナーが他界しました。**

オーナーは気付いていなかったようですが、オーナーのお孫さんが未経験ながら経営のセンスがあったのです。もともと経理を主務としていましたが、私が社長を務め、お孫さんには副社長に就いてもらったところ、経営者としての才覚を発揮し始めました。

灯台もと暗しとはよく言ったものです。2024年の秋からは、社長の座に就いてもらう予定です。

6社目：硝子工事業（2023年11月／当時37歳）

年商：9億円　本社所在地：京都府　社員数：6名

対象会社は硝子工事をする会社で、仲介会社から話を受けたのは2022年11月です。最終譲渡契約まで時間を要したのは、先方の社長が実務に携わっていて進行が遅かったため。**社長が現場を見ているかどうかで、買収のスピード感が変わる**ことをこの時初めて知りました。

当時、社長は49歳。対象会社がM&Aを希望していた理由は、後継者はいるものの、グループの傘下に入ったほうがよりスムーズに経営できるはずとの意図からでした。M&A後は、ホールディングスならではのメリットを享受しつつ、社長は今も引き続き代表取締役として頑張ってくれています。

私は、M&Aのスピードを緩めるつもりはありません。実際に今現在も、7社目以降の交渉を進めています。

M&Aをし、グループ会社が増えるほど、**社長や役職の椅子が増えて社員に与えられるチャレンジの機会も増す**のです。期待された人は、期待に応えようとモチベーション高く勤しんでくれるので、M&Aは会社全体に良い風を吹かせてくれます。

今後も良い会社があれば積極的にホールディングスへと招き入れ、やる気のある社員が活躍できる場をどんどん増やすつもりです。

おわりに

本書では、マインドから財務、採用人事、M&Aまで幅広く扱い、10年後も変わらない原理・原則を記したつもりです。

しかし、これらを発見し体現できたからといって、あぐらをかくつもりはありません。世の中は常に変化しますし、会社をアップデートし続けない会社は残念ながら生き残ることは不可能でしょう。

大事なのは、**どれだけ業績が良くとも、「今の状態が完成形である」という思い込みを捨てて経営に向き合うこと**だと思います。それぐらいの謙虚さがなければ、慎重さも損なわれ、思わぬ事態に足をすくわれます。

私は、経営者となってから10年目に突入しました。この10年で、和歌山の一企業から関西、西日本とフィールドを広げ、事業を拡大してきました。

会社が成長するほどに、見える景色は変わっています。経営者として駆け出しの頃は「小さなチャンスでも物にしたい」と、とにかくあれこれと手を出して片っ端から学んだため、当時、「この手法や考えは、果たして合っているのだろうか」と疑問に思うようなものも中にはありました。それでも検証しなければ真偽は不明のままですし、「これは合いそうだ」と思うものから一つひとつ取り入れて試す日々。事業を進めながら、答え合わせをしているような状態でした。

しかし、今思うのは、それぞれにはしかるべきタイミングがあるということ。以前は必ずしも得策ではなかった考えや手法も、見える景色が変わるにつれて、「本当だった」と実感する瞬間が訪れています。

使えるものは、ステージによって変わります。しかし、**学んだことは何一つとして無駄にならない**、それを再確認している次第です。

今、私の目線の先にあるのは、海外です。自分が40代、50代になった時のことを考えると、国境を越えることも必要だろうと感じ始めています。

海外を視野に入れるのであれば、為替だけでなく人口や国策だって注視しなければなりません。政治経済の動向を、一つひとつの文脈まで深く理解するには、歴史を学び直す必要だってあります。

社会背景や文化も異なりますから、現地の人や空気感を、肌身で理解する必要だってあるでしょう。

まずは海外に住み、コミュニティに溶け込むところから始めたいと思っています。事業を起こすのか、買収するのかを決めるのはその後です。ゆっくり進めることになるかもしれませんが、やることは山積みです。決断したらすぐに着手したいタイプでもありますので、いつどんなタイミングで何が起こるか、想像するだけで胸が高鳴ります。

こうしてみると、**できること、やるべきことは果てしなく続いている**のです。会社というのは、いつまでも完成することはないのだと改めて感じます。

だからこそ、経営というのは面白いのかもしれません。常に上を目指し続けたい、社会の波に乗りたいという野心をかきたてます。

上を目指した結果の一つが、会社の規模拡大という形なのかもしれません。会社が拡大するのは喜ばしいこと。大きくなるほど、社会に幸せを還元できている証しですから。

あなたが上を目指すにあたって、本書で記した内容が役に立つのは非常に喜ばしいことであると同時に、100％そのまま受け取ってほしくないとも思います。

なぜなら、**一番いい指針というのは、自分自身で作るべき**だからです。本書でお話したナレッジもノウハウも、今のあなたにとって有効かどうかは、あなた自身にしかわかりません。

自分の感覚を信じろ。自分の考えを信じろ。

これをあなたへの最後のメッセージとして、筆を置きたいと思います。

壱大ホールディングス株式会社 代表取締役社長 田村忠之

田村忠之（たむら・ただゆき）

壱大ホールディングス株式会社 代表取締役社長。

1986年、和歌山県生まれ。PL学園高等学校の野球部で活躍後、アメリカ留学を経て株式会社阪和総合防災へ入社。2020年に代表取締役社長に就任し、同年、阪和ホールディングスを設立。積極的にM&Aを行い、2024年7月時点で6社をグループ化。同年には阪和ホールディングス株式会社から壱大ホールディングス株式会社へと社名を変更。

中小《ちゅうしょう》企業《きぎょう》「規模《きぼ》拡大《かくだい》」の強化書《きょうかしょ》

2024年10月24日　第1刷発行

著者　田村忠之《たむらただゆき》

発行者　寺田俊治

発行所　株式会社 日刊現代
東京都中央区新川1-3-17　新川三幸ビル
郵便番号　104-8007
電話　03-5244-9620

発売所　株式会社 講談社
東京都文京区音羽2-12-21
郵便番号　112-8001
電話　03-5395-5817

印刷所／製本所　中央精版印刷株式会社

表紙・本文デザイン　華本達哉（aozora）
編集協力　ブランクエスト

C0036

ISBN978-4-06-537630-0